人類圖使用說明

取得你的人類圖：請上人類圖官網 https://humandesignasia.
輸入你的西元國曆出生年、月、日與出生地點。如此一來，就
現你的人類圖（如右圖範例），同時也會有文字說明，明確標示
於你的類型、內在權威、策略、人生角色、輪迴交叉等相關資訊。
照本拉頁說明與相對應的章節，便能輕鬆讀懂你的人類圖。

圖的組成：人類圖由九大能量中心、六十四個閘門與三十六條
組成。

心：右圖中的三角形、正方形、菱形等九個區塊即是能量中心，
於印度的脈輪，有顏色的能量中心，代表有固定的運作模式。
的能量中心，則是每個人開放接受外界影響的區域，同時也是
生智慧之所在。（詳情請閱讀本書第三章。）

圖中出現的數字，我們稱之為閘門，總共有六十四個閘門，與
經的六十四卦相呼應，每個閘門都各自代表著不同的特質。（詳
閱讀第六章）

：中間圖型左右兩側各有欄位，右邊黑色字體是 Personality（個
，這部分所標示的數字（閘門）代表你在意識層次，清楚有所察
特質，而左邊紅色字體是 Design（設計），則是你在潛意識層次，
還沒有察覺到的自己。（詳情請閱讀本書第六章。）

：連結能量中心之間的長條，我們稱之為通道，當一條通道兩端
門數字同時被圈起來，代表著這條通道呈現接通的狀態。人類圖
共有三十六條通道，通道是每個人與生俱來的天賦才華。（詳情
閱讀本書第六章，以及本事文化《活出你的天賦才華》這本書，
e 著。）

如何看懂你的人類圖

能量場：每個人都有能量場，並依能量場型態不同而分成四種類型。詳情請閱讀本書第一章。

類型：人類圖體系中，將所有人分成四大類：顯示者、生產者（純生產者與顯示生產者）、投射者、反映者。類型決定你做決定的方式，也就是你的人生策略。詳情請閱讀本書第二章。

策略：不同類型的人做決定的方式不同。顯示者需要告知，生產者是等待，回應。投射者則要等待被邀請。反映者需等待二十八天，清明的答案才會浮現。詳情請閱讀本書第二章。

非自己主題：不管是什麼類型的人，當沒有依循自己的人生策略運作時，就會出現不同症狀。顯示者會憤怒，生產者感覺挫敗，投射者苦澀，反映者失望。詳情請閱讀本書第二章。

內在權威：你要做決定，問問住在你心裡的領航員就對了。最主要的內在權威有情緒中心、薦骨中心、直覺中心等。詳情請閱讀本書第四章。

輪迴交叉：每一個人此生的使命。這並非命定或注定，而是當你活出自己，此趟生命旅程自然會經歷的體驗，與所要完成的目的。詳情請閱讀本書第七章。

人生角色：一個人與外在建立連結的方式。詳情請閱讀本書第五章。

人類

類型	人生角色	定義
投射者	4/6	一分人
內在權威	策略	非自己主題
情緒中心	等待被邀請	苦澀
輪迴交叉		
Right Angle Cross of Tension (38/39 | 48/21)		

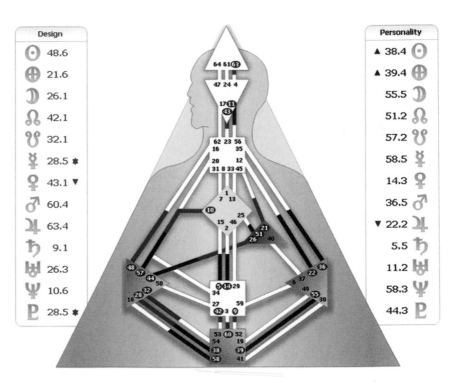

圖解

【 進化版 】

人／類／圖

認識80張圖，看懂你的人生使用說明書

JOYCE HUANG

喬宜思————著

目錄

《圖解人類圖》蛻變了，
彩蛋在最後

喬宜思（Joyce Huang）

二○○六年，我剛剛開始接觸人類圖，一見鍾情，全心投入。

二○一六年，我寫了《圖解人類圖》這本書，希望能以最淺顯易懂的方式，以有用有趣的觀點來切入，將這門知識介紹給大家。在這本書出版之後的七年間，不僅止於繁體，簡體版也出版，愈來愈多人知道人類圖，開始研究人類圖，身為亞洲人類圖官方機構的負責人，我與我的團隊也培養出更多人類圖分析師與講師，七年的時間不算短，樂見如今坊間與人類圖相關的實驗、分享，各式主題式讀書會、工作坊、相關課程，生氣蓬勃，全面開展。

人類圖看似複雜，初學者往往很容易陷入不知從何開始的迷惘，一路走來，我非常明白初學者的心情，我也曾經面對這座龐大又複雜的人類圖知識庫，好奇又徬徨，從各種管道收集大量資料，面對各種似是而非的說法，無法分辨而感到困擾。所以，這本人類圖入門書，一開始的規畫就是要說圖，讓你能按圖索驥，簡單拆解人類圖知識，你可以對照自己的圖，簡單勾勒出每張人類圖的基本輪廓。

從第一章認識能量場開始讀起，你知道每個人都有屬於自己的能量場嗎？能量場是人與人之間相互影響與制約的原因。基於不同的能量場，我們劃分出不同類型。所以第二章談類型，這就是你常常聽到的人類圖術語：顯示者、投射者、生產者（純生產者與顯示生產者）以及反映者，不同類型的人做決定的方式也不同，而做決定的方式就是「策略」。所謂的活出自己，並不是唱高調或某種遙不可及的崇高

理想，而是你時時刻刻都保有自覺，為自己做出正確的決定。

　　為什麼人無法做出正確的決定呢？這就是第三章所探討的九大能量中心，每個能量中心具備不同的特色，各司其職，你的存在是一股充沛的生命動能，而這股能量的樣貌，就由你的九大能量中心所融合而成。懂得區分九大能量中心之後，你要明白哪一個中心對你來說最關鍵，在此「內在權威」登場，內在權威是住在你心裡的導航員，除了之前講述的策略，內在權威讓你更明白，如何依循自己的設計，做出正確的決定。

　　當你行走在自己的人生軌道上，以特有的方式與外界建立連結，在各個層面就會擁有正確的關係。第五章十二種人生角色，讓你明白有些人愛好獨自研究；有些人信手拈來不費工夫；有些人擅長建立人脈，強調以和為貴；有些人喜歡挑戰碰撞；有些人生性務實，總愛解決問題；有些人處世客觀抽離，並非他們不在意，而是習慣站在高處來看世界。從人生角色的方式來解讀，你會神奇地發現自己在關係中的思維模式，以及實質行為上的差異。

　　於內明白自己如何做決定，於外清楚自己展現出來的行為模式，第六章開始深入通道與閘門，你想了解自己的天賦才華嗎？你懂得如何展現自己的特質嗎？在此簡述 36 條通道與 64 個閘門各自的特色，在此勾勒出概括的輪廓，讓你可以想想看，人類圖所說的你，與你腦中認知的自己，是否有差異，如果結果與你想得差不多，恭喜你，你

很懂得自己；如果差別很大，也恭喜你，看來你有許多潛質，靜待你去挖掘，進而活出發光發亮的生命。

每個人的存在並非意外，在你的人類圖上，那些有顏色的部分，代表一個人固定運作的生命動能，而這股生命動能是完美的，足以完整地支持你，讓你完成這輩子的使命，這就是人類圖「輪迴交叉」的意義。而這也是第七章想告訴你的，當你回到內在權威與策略來做決定，你自然而然會回歸到宇宙的定位系統，踏上屬於你的輪迴交叉，這是一段奇妙的旅程，這就是人生。

除了以上章節，我也邀請了許多喜愛人類圖、熱愛人類圖，已經上過人類圖課程的同學們，一起加入這本書的寫作行列，他們認真將所學實踐於生活中，樂於與你分享各種體驗與發現，你知道的，這條人類圖去制約之旅，你並不孤獨。

七年後的我，再看這本《圖解人類圖》，除了原本的頁數以外，我想送你一個大彩蛋，我們將附上人類圖三角形圖解法，以及四大區域解讀技法，全新內容首次公開發表，讓你在通曉人類圖知識之外，能以更直觀也更簡易的方式，貼近生活去運用，並察覺自己與他人的不同之處。

什麼是三角形圖解法？人生在世，人活著總有盲點，為什麼常覺得身不由己？深受外在環境影響？為什麼會玻璃心？動不動就將矛頭

針對自己，質疑自己，內在容易碎裂？這張圖透露出許多線索，讓你更深入洞悉人心，懂得自己的無奈與委屈。

四大區域解讀技法又是什麼呢？說到這裡，就一定要為大家介紹 John Tam 譚江老師，他是人類圖分析師，也是人類圖一階與二階認證講師，基於他的電腦工程師背景，他看待人類圖的角度與眾不同，在人類圖工作團隊中，他是不可或缺的智多星。有一次他在授課前，與我分享他所歸納出來的四大區域解讀技法，他講得輕鬆自然，我聽得眼前一亮。這就像是我長久鑽研人類圖知識，各式各樣的材料，累積成一堆如小山般的木柴，然後他走過來，優雅地打開一盒火柴，輕巧地點燃了一根火柴，笑著說，讓我們試試看這樣解釋吧，這一點星火掉入木柴頂端，碰！燃起了漂亮的火花，於是我們擁有了營火。這次取得他的授權同意，非常感謝他，這本書將加入這個美麗又特殊的解圖法，呈現在你面前。

圖解是看圖解，看久終於量變導致質變，訣竅一點通，往往在瞬間。

最後，我想再次謝謝祖師爺 Ra Uru Hu，謝謝這位宇宙無敵傳訊者，將人類圖帶到地球上來。希望你能在這本進化版的《圖解人類圖》中，找到你所追尋的答案，擁有解謎般的樂趣，這將是一個美麗的開始，推開這扇門，看見真正的自己。

了解人類圖的第一本書

譚江（John Tam）
2/4 顯示生產者，人類圖分析師、人類圖一階及二階老師

今天的你，已經可以在網路上找到很多關於人類圖的資料了。而這本《圖解人類圖》，是我一開始看的一本書。它很簡單，從能量場娓娓道來，讓我們看見人與人之間的關係。有時候，這些關係好像是我們默默訂下的標準，朋友及親人之間如果沒有辦法苟同，就是犯了天條。

有這麼嚴重嗎？有呀！我們從小就有學過，人們要少數服從多數，多數尊重少數。在「多數」彷彿代表著一種不容爭議的正當性之下，少數變成了有問題的一群人。就像我們在人類圖中會學習到的能量場的類型可區分為四種：生產者、投射者、顯示者及反映者。「生產者」約占總人口數的百分之七十，而「投射者」約占總人口數的百分之二十。

於是，在這個都是以「生產者」為主的地球上，我們明白生產力的重要性。只要你不事生產，就是罪該萬死。以前有個明朝的短篇白話小說叫作《二刻拍案驚奇》，裡面有寫到：「自古豪傑英雄，必然不事生產，手段慷慨，不以財物為心。」咦？古代不用生產嗎？我也不知道，因為我從小被教導的內容是，如果我不努力工作，我以後八成會餓死。

沒錯，我是生產者，我從小就知道不工作會餓死。大約在二〇

一六年，當我第一次認識喬宜思老師時，她送給了我這本《圖解人類圖》，拜讀到很前面的時候，我很驚訝這世界上原來有一些人，看起來好像是不必工作的。這可把我嚇了一跳，這八成是邪教無誤。可是當我愈來愈深入廣泛的研究，發現它原來只是告訴我，世界上有一些跟我不一樣的設計，就好像膚色跟國籍一樣，我可以認識他們，知道有他們的存在，然後和平相處。

　　我們現在已經不會在馬路上看到一個金髮碧眼的人而大驚小怪了，可是在人與人之間的相處下，有些人的能量場設計，還是會讓你感覺無所適從。另一種人是真的存在嗎？在喬宜思老師的帶領之下，我開始對這些東西愈來愈有興趣。就拿我剛剛提到的「投射者」來說好了，他們的人生重心與觀點，都會聚焦在身邊的人身上。他們倒是不擔心自己會不會餓死，我們餓死了反而他們可能會比較難過。怎麼會？就是會呀。我也不明白為什麼，但是在人類圖的學習中，我見證好多好多「投射者」的困難。

　　因為「投射者」的焦點總是在你身上的，他們也理所當然的認為你應該要懂得某些他們的心事。只是大多數的我們都是「生產者」，我們正忙著要做些我們想做的事。當「投射者」幫上忙了，我們很高興；沒幫上忙，我們也懶得理他們。他們的焦點在我們身上，我們的一舉一動都牽動著他的心。唔，聽說他們會苦澀，「生產者」的我想

著，怎麼不去找些事做就好了。對，這就是「生產者」的普世價值。

　　「投射者」來到這世界上，是來學習如何跟人合作，共同創造出美好的將來，跟我們一起邁向成功的那一條路。他們的能量場聽說是聚焦且吸收的，這是什麼意思？我還聽說他們是未來的新領導者，那到底又是怎麼一回事？

　　我必須說，喬宜思老師真的很了不起。因為這些東西，在一開始的時候，都是好難懂的英文蝌蚪文。是因為我英文很破嗎？沒有喔，我小時候可是有在美國生活過的。只是這些文字真的像極了天書，我根本就有看沒有懂。要不是靠她這麼逐字推敲，用邏輯與簡練的文字把人類圖帶到亞洲市場，我想人類圖很難流行起來。

　　在過去的幾年內，我都跟喬宜思老師一起工作。老實說，跟她工作很辛苦，因為她是工作狂。我們曾經為了訂正某些人類圖的教科書，不斷的修正直到曙光再現。白話文就是熬夜到天亮，然後不是一天，是好幾天。她對文字的斟酌，有時候真的讓我快吐血。所以當她問我要不要寫她的書的推薦序，我非常之抖。更何況是一本人類圖界的經典書籍，謝謝你看到這裡，我已經在燒香謝神。

　　你問我為什麼沒有把「投射者」的解法寫出來？我跟你說，他們

很聰明，不是很愛看我寫的結論。他們是最適合學人類圖的一群人，因為他們喜歡有脈絡的學習。他們想要先了解其他類型在做什麼，他們才會有興趣回頭看看自己。當他們全盤搞懂了人類圖，明白了為什麼要「等待邀請」這件事，很多事情就簡單了，我的結論根本對他們不重要。

那其他類型到底在做什麼？你要去看書呀，都買了這本偉大的書，你要好好地看。書中自有黃金屋，就是說你書看多了就會有大智慧的。人類圖的內容很多，這一本是把內容瘦身過的好書，可以幫助你入門時，快速地整理這些細節。當你有心看完整本，也可以把這本書當成初級的字典來看待。不論是類型及對應的策略或是九大能量中心的簡介，甚至是通道的解說，這本書裡面都有。

如果真的很想知道多一些，又不想要學習太多，那就找一位人類圖分析師幫你解讀吧。亞洲地區在喬宜思老師的栽培之下，已經有很多、很棒的人類圖分析師。還有另外一種如果，你很想學人類圖，也想幫助更多的人了解自己，那就來上課吧。學人類圖大好，很有機會讓你的感情順利、家庭美滿，又可以讓你看到人與人之間相處之道，還可以在茶餘飯後，提供你和家人、同學及朋友之間的聊天話資，有一本你絕不冷場的祕笈，讓你跟誰都好聊。

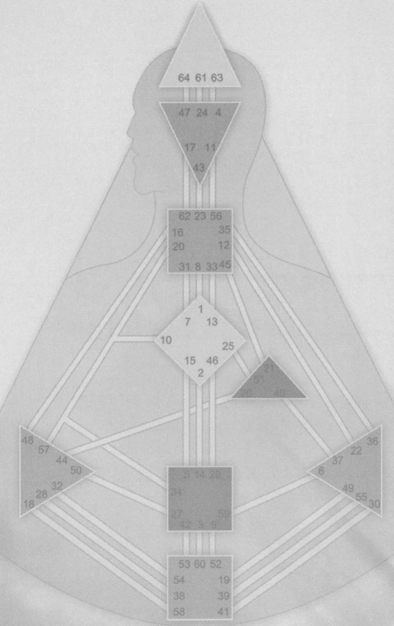

第一章

認識能量場

「能量場」是人類圖的基本概念，每個人都有自己的能量場，就像專屬於你的氣場或磁場。

關於能量場，
大家最常有的疑問是……

⊙ 人類圖中提到能量場，每個人都有嗎？這對自己或別人有什麼影響呢？

⊕ 一個人能量場的範圍多廣？每個人的能量場範圍都一樣嗎？

☽ 能量場會影響到一個人如何生活、如何下決定嗎？

☿ 能量場會受到大環境或者日月星辰的影響嗎？

①每個人都有能量場

基於不同類型的人,其能量場的型態也不同。人類圖將人分成
四種類型:顯示者、生產者、投射者、反映者。

認識能量場

每個人都有屬於自己的能量場

「能量場」是人類圖的基本概念，以此為基礎，奠定了每種類型的本質。每個人都有屬於自己的能量場，即使肉眼看不見，但是你的能量場，就像專屬於你的氣場或磁場，當我們進入彼此的能量場，無須言語，就可以感受到對方是什麼樣的人，也多少能體驗對方當下的狀態。

聽起來很玄？其實並不然。每個人所散發出來的能量場很強大，我們的能量場在無形中交流並溝通著，人與人之間要彼此了解，不僅止於言語交談，還有在能量場上的相互交流，而每個人的能量場大小，是兩倍手臂長為半徑，繞成一個立體的球體，這是每個人能量場所涵蓋的範圍，不管你走到哪裡，不管你是睡著、醒著、說話或沉默，都在自己的能量場裡。

為什麼在人類圖的世界裡，能量場的概念這麼重要？

因為每個人都以自己的能量場影響著別人，同時也接收著來自別人能量場的影響。所謂近朱者赤，近墨者黑，若以人類圖體系的觀點來詮釋，等同於人與人之間的能量場相互引發，相互影響。換句話說，當一個人處於挫敗憤怒的情緒之中，就算他不發一語，周圍的人也會很容易莫名地，感受到一股挫敗與憤怒的情緒；反之，若一個人

的狀態平和喜悅，在他的身邊也會讓人感受到平和與喜悅。我們身而為人，各自有各自的能量場，不斷相互影響，時而相互激勵提升，時而彼此拉扯沉淪，若你了解這一點，就能明白與不同的人相處時，為何會引發出自己各個面向的性格與情緒，皆是源於能量場相互引發的緣故。

除了人與人之間的能量場會相互引發，我們的能量場，也會無時無刻接收來自宇宙星體的影響，簡單來說，當宇宙星體行至不同位置，也會引發人類有所改變，並擁有不同的體驗與感受。而這也就是人類圖所指的流年或流日所帶來的影響。

由於每個人都有屬於自己的能量場，人與人之間的能量場相互引發，同時也會隨著宇宙星體運轉，有其時序漸進。這就像是每個人自成小宇宙，而每個小宇宙又將順應整體之流，在其軌道上順暢運行。若以整體宇宙更高秩序的觀點，沒有人是遺世獨立，也沒有人會落單，我們各自運作，每一個存在共同組成整體機制，宛如天上繁星，相互輝映，織就一整片星空。

每種類型的人，能量場都不同

不同類型的人，其能量場的型態也不同。

若處於正面且健康的狀態，顯示者的能量場會是平和的，生產者則是滿足又充滿成就感，投射者會傳遞出成功的能量場，反映者則是驚喜。反之，若在負面又混亂的狀態下，顯示者的能量場會充滿憤怒，生產者則是挫敗，投射者嚐到的盡是苦澀的滋味，當整體環境充

斥著憤怒、挫敗與苦澀，反映者會不斷體驗到失望，也不令人意外。

由於不同類型的人，有不同的能量場，因此在面臨人生各種決定時，也會有不同的策略來應對。當你一開始接觸人類圖時，一定會常常聽到這句話：「回到你的內在權威與策略」，這句話是人類圖整體體系的主軸，當你回歸自己的內在權威與策略，你的能量場會是健康的，反之，若你不斷做出違背自己本質的決定，你的能量場會是混亂的。

你想活在一個平和、滿足、成功與驚喜的世界嗎？你是否感受到現今的世界，充斥著憤怒、挫敗、苦澀與失望？不管你是哪種類型的人，你的能量場都會在無形中，影響並牽動著整體世界所呈現的樣貌。

請回到你的內在權威與策略，來做決定。

每一個正確的決定將引導你，迎向下一個契機，進而走上屬於你的人生旅程，這是一趟旅程，也是一場學習，讓我們學習如何接納自己，愛自己，活出你的本質，全然展現自己的同時，我們也將一起創造出一個更美好的世界。

心想事成的通關密碼

每一個人都有屬於自己的人生道路，你所走的每一步、所遇見的每一次機會、所做的每一個選擇，只需回到屬於你的策略（第二章的你的類型與策略），依循你的內在權威（第四章的內在權威）來做

決定，就能發揮你的才能（第六章的通道與閘門），這一路上你將學習關於自己的課題，若能了解自己如何接收來自外在的影響，就會明白混亂裡所蘊藏的智慧（第三章的九大能量中心），你會以自己的方式，順利與外界建立正確的關係（第五章的十二種人生角色），當你回歸內在權威與策略過生活，你的能量場將健康運作，自然而然能吸引正確的人事物來到身旁，這就是吸引力法則的體現。我們會在對的時間點，處於對的地點，與對的人相遇，做對的事情，進而實踐並體驗這一生，屬於你的人生使命（第七章的定義與輪迴交叉）。

人生是一趟旅程，這一路上分成許多階段，也必然會出現許多關卡，能讓你順利通關的唯一密語，就是「內在權威與策略」，當你做出正確的決定，行走在屬於你的軌道上，因緣俱足，正確的機會將迎面而來，你只需體驗這趟旅程，享受不費力的人生。

當你領悟到這一點，對生命會有不同層次的觀點與體驗。

你在人生中所遇見的人，所經歷的事件，所感受到的痛苦與快樂、悲傷與喜悅，皆非偶然，你可以逆流而上，活得拚命艱苦，也可以順流而行，看待人生大大小小諸多事件，如同卷軸般依序在你面前展開。有朝一日當你走完整趟生命旅程，才發現自己已然圓滿地完成了此生的人生使命。

每一個人的生命看似微小，卻在整個宇宙的大輪軸中扮演著不可或缺的角色，若能活出自己獨一無二的人生，就會充滿愛、平和與喜悅。

關於能量場

· 每個人都有自己的能量場，範圍是以兩倍手臂長為半徑，環繞成一個立體的球體，這就是你的能量場的大小。任何人只要進入你的能量場範圍中，你們就會彼此影響，或互相引發，這能解釋為什麼你會覺得有些人與你特別「投緣」，有些人會莫名其妙讓你「焦躁」，這都是能量場的相互作用。

· 若能活出自己，做出正確的決定，能量場便呈現健康的狀態，當每一個人的能量場都很健康，整體地球的能量場才會健康。

Q 人與人之間的能量場會相互引發，但是能量場的大小，只有那麼大而已嗎？難道能量場不會透過電話，傳送訊息而傳遞嗎？為什麼我有時候接到某個人的電話／訊息，就會莫名發怒呢？難道對方的能量場會透或電話／訊息傳遞過來嗎？

A：能量場的範圍有限，若你發現自己因為電話另一端所傳來的聲音或手機所收到的訊息而起反應，那並不見得來自彼此能量場的影響，被引發的可能是你體內對某人所儲存的記憶，或過往的自動化行為所引發的自動化反應。

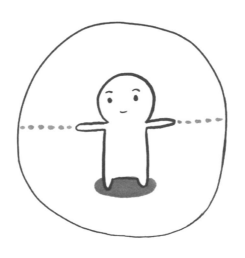

我們每個人都有各自的能量場,不斷相互影響,你的能量場會說話。

認識自己，
也開始尊重別人的設計

Ernest
廣告 AE
生產者

　　人類圖除了讓我重新認識自己，也讓我開始用不同的角度看周遭的人，尤其是必須密切互動卻……呃，不喜歡的人，比如我的同事。

　　我的同事和我是兩種完全不同的人。他動作快，老闆命令才說出口，下一秒鐘他人就衝出去了，我則需要縝密計畫，確保每一步都不出錯，而且一定完美落地；他情緒陰晴不定，三不五時就板著一張臉，是哪裡惹了他也不說，我只好扮出一張比他更臭的臉；他講話常常不知是什麼神邏輯，聽了就火大，雖然有時不無道理，還妙語如珠，令大家印象深刻，相形之下，我深刻思考後的看法，說完後大家常常一片靜默；他其實悲觀負面，一有不順的事情，就往死胡同鑽，我則正面樂觀，卻反而被他譏笑涉世未深、命太好。

　　我們一起工作了好多年，時不時就冷戰不說話，反正話不投機半句多，我很痛苦，我想他也很折磨吧！除此之外，他的工作模式、個人風格，種種的一切讓他看起來似乎是個做事的人，其實最後還不都是我把案子搞定，打磨擦亮，不然怎麼端得出去！這是讓我最覺得憤憤不平的地方。一直到我開始學人類圖。

　　原來，我們真的完全不一樣！他動作快，是因為他承受不了壓

力，一有壓力，就想趕快排除，而我的設計卻是抗壓的，我的存在對他就是壓力。他有時心情不好，其實是因為他的情緒有週期起伏，情緒低點時，心情就低落，我的情緒則平靜無波，容易受他影響，我看他不開心，以為他對我有意見悶著不說，我就也臭張臉回去，其實反而讓他更沉重。這些，完全是能量場彼此相互引發的結果。

因此，我開始嘗試用不同的方式來相處。我們的工作並不一定要在辦公室，當我察覺到他壓力很大、躁動不安時，我就會到外面咖啡廳去工作，或索性在家上班。他心情不好，我會在心裡告訴自己，他情緒週期又到低點了，隨他去，不要受影響，如果我真的也受不了，我會去外面散散步、喘口氣。

他講話常常會讓我發火，這是因為他有一個設計，最好的運作狀況是需要被邀請才說出來，說出口的話才會被珍惜和重視。的確也是，他有些想法是我常常想不到的，因此，我開始主動問他，我們的互動產生了正向的循環。至於他的悲觀和負面，那是屬於他的設計，自有其機制運作的道理，既然不屬於我的，我就不受影響就是了。

就這樣實驗下來，現在我們的工作關係非常好，甚至我覺得我們是最佳拍檔。我做事起步慢，因為我要想通才能開始，一開始做就很快；但是，他是耐不住性子的，一定要馬上做。因此，我們的分工就變成他先做，我再來修，雖然每個案子的工時不見得真的縮短多少，但是我卻有更多時間可以在細節上琢磨得更好，提高案子達陣的機率。

而這一切，並不是學了人類圖之後馬上開始的。剛接觸人類圖的時候，看著別人的圖，內心滿是羨慕，多麼希望自己也有那個通道、那樣的設計，有一段時間，我對同事的感受就是那樣，只是在職場上羨慕的心態質變成競爭的心理。轉變的關鍵在於，當我開始尊重我自己的設計，無條件接受我就是這樣的人時，我也才能開始尊重他的設計，接受他這個人，我們的關係，因此有了全新的可能性。

原來爭吵只是能量場的相互引發

Connie Pun（香港學員）
售貨員
生產者

　　我是從上 Joyce「愛的祕密」課程開始認識人類圖，因為每個女孩子都會好奇愛情中到底有什麼祕密吧！上課時看到一幅人形圖案，裡面有九個不同的形狀的方塊和三角形代表九大能量中心，而每一個能量中心都有各自不同的意思！在課堂上，Joyce 說每個人都有自己的能量場，範圍是將手臂伸直乘以二畫一個大圓圈。當別人進入你的大圓圈就等於進入你的能量場，你們兩者之間的能量場會互相影響引發。而九大能量中心中，若有某個能量中心是空白的，便會受到有顏色能量中心兩倍的影響（例如空白情緒中心與有顏色的情緒中心），當時我聽到真的好驚訝！因為我的情緒中心是空白的，我男朋友是有顏色的，所以他的情緒有週期起伏，當我們在一起時，由於能量場互相影響，我經常會感受到自己情緒激烈起伏，但當我離開他的能量場，自己獨處時就很快恢復平靜！

　　當時覺得非常莫名其妙，但當我學習到人類圖能量場時，才發現原來是空白情緒中心的我被他影響，於是情緒感受到起伏！有趣的

是，我和男朋友很少吵架，但一旦吵架，我平常根本沒想說的話，便會狠狠地說出口，吵起來一發不可收拾！原來空白情緒中心的我，平時害怕衝突，避免說出真話，卻由於受他有顏色的情緒中心引發，反而說出非常糟糕的話語！

認識人類圖讓我終於明白，我和男朋友的爭吵，也是能量場相互引發，認知到這一點後，便知道男朋友的情緒是他的，我不需要受他的情緒影響到自己！甚至到後來，我和別人相處時，也會密切察覺大家能量場彼此之間的影響。當我理解每個人有其能量場，許多事件與火花，都是彼此能量場相互引發所造成，理解之後，我對人生有了更多不同以往的體驗。

第二章

你的類型與策略

—— 看懂人類圖的第一步

類型不同，做決定的策略也不同。

關於類型，
大家最常有的疑問是……

☉ 四種類型的人有什麼不一樣呢？四種類型在世界上的比例是平均分配嗎？有沒有哪種類型比較好或比較特別？

⊕ 四種類型有所謂的相生相剋，或者階級排序嗎？領導者或者發號司令的人會不會比較多顯示者呢？

☽ 為什麼我看人類圖的書上都說生產者是來工作的？難道說其他三種類型都不用工作嗎？

♀ 原來只有顯示者能夠主動發起，那其他三種類型都要被動消極地生活嗎？

②世界由四種類型的人組成

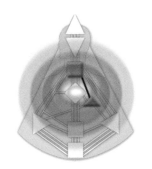

顯示者

生產者

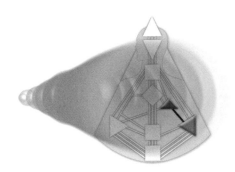

投射者

反映者

人類圖將所有人分成四種類型：顯示者、生產者、投射者、反映者。不同類型的能量場狀態不同，做決定的方式也不一樣，每種類型都有最適合自己做決定的方式。

你的類型與策略

看懂人類圖的第一步

四種類型，缺一不可

人類圖體系中，將所有人分成四種類型：顯示者、生產者、投射者與反映者。

每一種類型的能量場狀態皆不同，所以每種類型的決策方式自然會不一樣，對這世界的貢獻與影響，也不盡相同。這四種類型的組成比例，並非將全世界的人口除以四，事實上，絕大多數近七成的人口，屬於生產者的類別，換句話說，我們的世界主要由生產者的動力所組成，這是一個生產者的世界，生產者透過工作來建造。接著有百分之二十一的人是投射者，他們能協助生產者工作得更有效率。百分之八的人是顯示者，他們屬於發起的那一群，剩下還有百分之一的人是反映者，反映者是環境的仲裁者，他們超然物外，呈現出身處環境的品質。

若將整體世界比喻成一個大輪軸，每一個人都有其位置與功用，完美的組合就是由顯示者來發動，投射者引導流程，生產者提供行動力來完成工作，反映者負責提供願景。我們只是各自扮演不同的角色，在本質上並沒有高低好壞之分，沒有哪種類型比較好，沒有哪種類型比較爛，也沒有哪種類型生來註定要受制於誰。「比較」永遠是

頭腦層面狹隘的遊戲，每個人的存在都有不可或缺的價值，若真正活出自己，就能超越狹窄比較的範疇。

這道理正如祖師爺 Ra 所說：「在人類圖的世界裡，沒有人的生命是殘缺的。也沒有人註定一輩子會行不通，也沒有人是壞的、糟的、爛的、又或是沉重不堪的。在人類圖的世界裡沒有教條，也沒有所謂的道德規範，你不會找到什麼好壞對錯，只要允許自己去發現，並且記得，每一個人都是如此獨一無二的存在，只要你活出自己真實的模樣，很多事情其實並不重要，一切就是如此完美，只要你活出自己，你就會明白，完美對你而言是什麼，你會看見，自己的美。」（Ra Uru Hu / Sedona, Arizona June 1997）

類型只是代表我們各自的能量場不同，具備不同的功能，能為世界帶來不同的貢獻，不同類型的人會有不同的策略，所謂的策略就是做決定的方式，當你知道自己屬於那種類型，就會知道屬於你的人生策略是什麼，那就是最適合你做決定的方式。了解自己之後，也會開始懂得尊重別人做決定的方式，彼此關係會變得更好，世界自然能運作得更順暢。

顯示者

你有沒有發揮影響力？
這世界有沒有因你而不同？

顯示者的定義

從顯示者星球來的你，感覺自己像個外星人？

身為顯示者的你，有沒有感覺到自己似乎與這個世界格格不入？會有這樣的感受並非意外，想想看，全世界人口中只有百分之八是顯示者，顯示者活在一個大多數為生產者所組成的世界裡。活脫脫就像是你們來自顯示者星球，降落在生產者所佔據的地球上。顯示者先天的本質，與絕大多數愛工作的生產者很不一樣，加上顯示者的能量場是封閉、叛逆，向外擴張。顯示者非常獨特、鶴立雞群、引人注目，但同時，在能量場的層面上，卻無法與其餘類型的人開放交流，這就是為什麼外界容易覺得你們難以捉摸，甚至不知該如何與你們相處。

顯示者來到這世界上，是唯一能主動發起的類型，發起意謂著顯示者可以無中生有，登高一呼，引發眾人，發揮自身的影響力，他們是人類對領導者所認知的原型——有能力獨立完成，發起行動並影響眾人，他們總是如此充滿魅力，他們所說的話鏗鏘有力，他們積極前進，掀起風潮，風靡眾人，世界從此而不同。

③顯示者的能量場

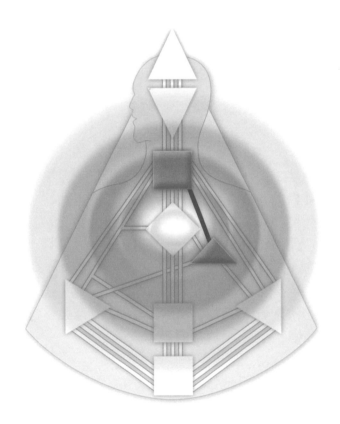

顯示者的能量場封閉、叛逆、向外擴張，佔全世界百分之八的人口。

顯示者的策略是告知

顯示者的策略是告知。發起是顯示者會做的事，若加上「告知」相關的人，就會讓發起的一切運作得更順暢。這是非常重要的人生策略，由於顯示者封閉並向外擴張的能量場，容易讓旁人莫名感到被攻擊，甚至備受威脅，因而引發出恐懼或抗拒的情緒，就算本來沒惡意，卻因為相互不理解而容易產生誤解，當顯示者感到自己莫名其妙被排擠，又會再次感受到自己如此格格不入，結局就會引發出更大的憤怒。

顯示者要告知的人生策略，極可能違背他們想做就做，直接發起的本性，他們對此也會不時冒出疑惑：「我告知之後，會有人回應我嗎？我能影響更多人嗎？」但也唯有透過告知，顯示者才能讓其它類型的人，知道他們正在想什麼，以及接下來要做什麼，進而相互配合，找到適合彼此的相處之道。告知的策略有助於顯示者與外界建立關係，告知也是一種展現尊重的方式，當顯示者主動告知，其他類型的人就能預先做準備，明白該如何與顯示者互動，這過程中的每一步，都能為彼此建立更深厚的信任感。

顯示者們，不管你要做任何決定，請將你的決定告知相關人等，以開放的態度作出釐清，如此一來，才能以平和且有效的方式，正向地與人溝通，這也能讓你在付諸行動時，減低不必要的阻力，告知是極為有效的方式，讓顯示者得以發揮自己的影響力。

給顯示者的提醒

許多時候顯示者不願告知，或忘記告知，是因為並不理解自己對別人所帶來的影響，或許你認為自己的決定與其他人有什麼關係，你以為對他們來說無關緊要，又或者，你會認為「這麼明顯的事情，不必我說，他們應該都知道了吧。」但是在日常生活中，一而再，再而三將會驗證，若顯示者未事先告知，往往會讓你周圍的人，感到無比驚慌、憤怒，甚至為此受苦。

顯示者的策略是告知，顯示者告知時，並不等同於請求允許，告知單純是傳遞訊息，並非尋求他人認同或贊同。一開始當你練習告知時，對方也不見得會立刻同意，但是經由一次又一次的告知，你會發現自己愈來愈能理解別人，漸漸也能與他人達成共識與默契，外界也能根據你所告知的一切，逐步調整與你的相處模式，對顯示者的抗拒程度也將大幅減低，事情將朝行得通的方向發展，而你也能獲得內心渴望的平和。

顯示者雖然具有反叛的能量場，並不等同於他們的行為會乖張失控，事實上，若是顯示者明白告知的必要性，也認同團體所制定的運作規則，他們會尊重並遵守這些規則，但前提是要公平，顯示者遵守了，其餘的人也要遵守才行，否則又會再次引發他們內在的憤怒，而會讓他們憤而推翻既定規則，因為這一切並不公平。

非自己的顯示者容易憤怒

　　非自己的意思是，若一個人只以腦袋層面的思維來做決定，而沒有回到自己的內在權威與策略，就容易受困在特定的負面情緒之中。而顯示者受困於非自己時，最常出現的情緒是憤怒。

　　若他們不告知，容易引發周圍的抗拒，導致處處受限，面對生命中排山倒海的諸多限制，會讓他們誤以為自己無能為力，也無計可施，再一次又憤怒不已，原本可以活得光芒萬丈的顯示者，反倒變得退縮、放棄、黯淡無光，而長時間處於非自己狀態的顯示者，傾向將自己偽裝成不斷拚命執行的生產者，或變得消極，不再主動發起，不再相信自己可以發揮影響力，也不再認為自己可以讓這世界有所不同。在此建議長久被制約，並為此受苦的顯示者，可以開始嘗試追求自己真正想做的事，在做出任何決定之前，記得要先告知，在這段去制約的過程中，四周的阻力會逐漸消弭，而顯示者們也將重新取回自己人生的主導權。

小提醒

四種類型的人都各自有一個非自己主題，當沒有回到內在權威與策略時，容易在生活中有以下的感受：

顯示者：憤怒
生產者：挫敗
投射者：苦澀
反映者：失望

顯示者的能量場是封閉、叛逆,向外擴張。

顯示者要做任何事情之前,請多多告知與此事相
關的人們,如此一來,才能發揮你的影響力。

關於顯示者

· 顯示者的能量場是封閉、叛逆且向外擴張，在一個以生產者為主的地球上，顯示者顯得非常獨特。

· 在四種類型中，顯示者是唯一能主動發起的類型，也就是說他們無需等待回應，可以無中生有，登高一呼。

· 顯示者的策略是告知，針對被自己的決定而影響的相關人等，都要告知，才能真正發揮影響力。

Q 光芒萬丈的顯示者感覺好有魅力，可是為什麼我遇到的顯示者都不是這樣呢？

A：顯示者處於一個大多數是生產者的世界裡，從小極容易被制約成生產者的模式，而不自知。若缺乏正確的引導與教養方式，甚至處處壓抑，那麼長大後的顯示者，極可能朝極端發展。他們可能會變得過度順從，內心破碎，也有可能變得極度叛逆，呈現失控的狀態。或者乾脆偽裝成生產者，但內心卻無來由地充滿憤怒。每個顯示者都有自己發揮影響力的方式，但唯有回到自己的內在權威與策略的顯示者，活出自己，才會讓人感受到他們的魅力。

Q 告知為什麼對顯示者這麼重要？

A：因為顯示者的能量場是封閉而反叛的，當他們要做一件事而直接
　訴諸行動時，周遭的人往往無法透過能量場，去感受他們的目的
　或狀態。若能事先告知，便可降低周遭人們對未知與不確定性所
　產生的抗拒與不滿。

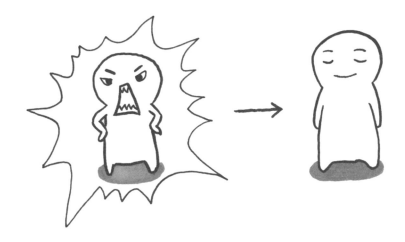

當顯示者非自己時往往會憤怒，而最終目標是平和。

生產者
打造世界的偉大創造者

勁量電池,源源不絕來自薦骨的動力

如何判斷這張人類圖是不是生產者?很簡單,右頁那塊方方正正的薦骨中心,若是被啟動了,塗上紅通通的顏色,這就是一個不折不扣生產者的設計,什麼?你的圖就是這樣?太棒了!你是生來建造這個世界的偉大創造者,嗯,工人?是呀,你是個安上強力勁量電池,動力源源不絕的偉大工作者。

很多人對薦骨中心很好奇,簡單來說在人類圖的世界裡,薦骨是強而有力的動力機,充滿工作與性的動力,這是一股巨大的創造力,而薦骨中心被啟動的生產者,天生配備了薦骨的能量,這股動能驅策著每個生產者,讓他們有種停不下來,一直想做些什麼的衝動,這讓他們不斷辛勤工作,累積各式各樣的成就,就這樣建造出一整個世界。

對生產者而言,活在這世界上最大的樂趣,莫過於每天善用自己的薦骨動力,樂在工作,從中獲得滿足感與成就感。也因此,對生產者而言,了解自己是必要的,唯有了解自己,懂得善用自身才能,當你找到自己真心想做的事,快樂投入工作,大展身手,就能建立屬於自己的王國。

④生產者的能量場

生產者的薦骨中心，（紅色方形）一定有顏色，生產者佔了世界人口的七成，
這是一股強勁的工作動力。

生產者分成兩種：純生產者與顯示生產者，前者追求完美，後者追求效率。純生產者縝密且龜毛，運作過程看似漫長，但一旦付諸執行，每個步驟皆清楚仔細，反覆斟酌又追求完美的結果，一完成幾乎就是完美作品，但是花的時間往往過於冗長，他們不求快，也不見得有效率。

　　至於顯示生產者，則與純生產者非常不同，他們手腳明快、有效率，不見得全盤想清楚，就會直接進行，他們傾向先求有，再求好，先做再說，所以效率驚人，只是做完之後，又常在過程中遺漏了重要細節，而需要回頭補強，甚至需要「再做一次」，顯示生產者要學習有耐性，才不會浪費自身的能量，否則無法聚焦，也白白浪費了這股旺盛的行動力。

　　顯示生產者和純生產者皆屬於生產者類別，兩者加起來約佔全世界人口百分之七十，兩種生產者的能量場呈現開放的狀態，相互流動，將一切包覆其中。生產者的策略並非主動發起，他們需要等待，回應。

到底什麼是等待，回應？

「你必須詢問生產者，否則無法得到任何東西。」（Ra Uru Hu）

　　「等待，回應」是生產者的人生策略，而等待回應，並不是不做任何事，生產者怎麼可能不做任何事呢，他們可是懷有強大薦骨動力的類型，這股內建的動力總會讓生產者們做個不停。生產者的設計是等待：等待事情找上門，等待訊息出現在他們面前，等待有人以Yes/No的問題來詢問他們，唯有如此，他們才有機會聽見自己薦骨

所發出的聲音，進而分辨自己是否接受，是否具備應有的能量，能支持自己採取行動，進而落實並實現。

薦骨回應？發出薦骨的聲音？乍聽之下似乎莫測高深，其實只要回想幼兒對外界事物的反應，就能理解，當幼兒尚未學習語言時，常常會不時發出單純的「嗯！」「啊！」「嗯嗯！」之類，我們成人認知為語助詞的聲音，這些聲音其實就是人類圖所謂薦骨的聲音。

身為生產者，聆聽自己的薦骨，是否發出了肯定的「嗯！」或否定的「嗯……」甚至是嫌惡的「厚～」，才會明確知道自己真實的回應，而不是被頭腦裡嘮嘮叨叨，辯證不休的自我對話與各式各樣的分析所綁架。許多生產者，特別是動作快、重視效率的顯示生產者，當他們知道自己需要等待，而非發起的時候，忍不住會問：「要是沒人來問我，怎麼辦？」「如果等了半天，什麼也沒發生該怎麼辦？」「若薦骨對什麼都沒回應，又要怎麼辦？」

請放心，生產者那開放、將一切包含其中的能量場，加上動人又旺盛的薦骨生命動力，自然而然會吸引各式各樣的機會上門，若你能了解等待的藝術，便能體驗到凡事皆有時，透過回應，身為生產者的你，就能真實活出自己的全貌。當生產者的薦骨發出肯定的回應，你會發現是自己真正想做這件事，而將能量投注在正確的事物上，發揮自身的才能，會讓生產者感到很滿足。

給生產者的提醒

不必急著發起。等待，回應，然後看看接下來會發生什麼事。我們常說事緩則圓，練習有耐心，等待被詢問，當你的薦骨發出聲音時，你會知道自己真實的答案是什麼。聆聽自己薦骨的回應，回歸內在權威與策略來做決定，這雖不容易，但並非不可能，當你開始與內在真實的自己產生連結，並且有勇氣誠實回應它，你會發現自己已然步上去制約的旅程，愈來愈充滿能量，煥然一新。

或許你很快就會發現，薦骨發出的回應，與腦袋裡所認為的答案大不相同，這總會讓生產者驚訝不已，恭喜你，這代表你開始能區分，薦骨與頭腦是兩種不同的運作機制。頭腦善於計算分析，薦骨只是單純對正確事物發出回應，兩者作用不同，頭腦是精密的機制，善於解決與自己無關的問題，但若是關於自己的決定，身為生產者，請你等待，回應。

非自己的生產者容易感覺挫敗

當生產者主動發起，極容易遇到不必要的挫敗，若違背薦骨的回應，強迫自己日復一日，從事不喜歡的工作，長久累積下來的挫敗感，不但會變得不快樂，覺得人生無意義又空虛的同時，也必定會對身體帶來傷害。

生產者的薦骨就像巨大的電池，
每天提供源源不絕的動力。

生產者又分成重視完美的純生產者與重視效率的
顯示生產者。

關於生產者

· 生產者是建造這世界的人,當他們從事自己所喜愛的工作並全然投入時,他們會感到滿足並有成就感。所以了解自己適合從事什麼樣的工作,對生產者來說特別重要。

· 生產者的能量場呈現開放的狀態,不必擔心沒有人來詢問你。「等待,回應」是生產者的策略,透過薦骨所發出的聲音,可以讓生產者區分出自己真正想做的事是什麼。

· 不管是純生產者或顯示生產者,皆屬於生產者的類型。

Q 這個社會一直灌輸人們要主動積極發起,可是人類圖卻說佔了七成人口的生產者要等待回應,難道說生產者都不能主動去做任何事情嗎?

A:當生產者不斷主動積極發起,容易產生挫敗感,而這也就是現今社會裡絕大多數人的感受——挫敗感。人類圖所說的「等待、回應」,並不是消極被動地什麼都不做,而是謹慎察覺到自己的薦骨是否有回應,進而能妥善運用自己的能量,投注在真心喜愛的事物上。

生產者其實無時無刻都在回應,回應別人的詢問,回應來自四面八方的訊息,只要回到你的內在權威與策略,確定自己有回應,就能全力以赴,達成任務,並獲得滿足。

以 YES/NO 的問題來詢問生產者,讓他們能聽見自己的薦骨所發出的聲音。

生產者若主動積極發起,容易感到挫敗。等待,回應,才會讓生產者將力氣放在對的事情上,感到很滿足。

投射者

你知道自己需要被邀請嗎？

聰穎善觀察

投射者佔全世界人口的百分之二十一，他們的能量場型態宛如投影機的光束，集中、專注、自心輪向外投射，也因為如此，他們不會像生產者只把焦點放在自己身上，投射者的設計是焦點向外，關注他人，經由觀察別人，研究加上學習，進而懂得了自己。

投射者活在生產者為多數的世界裡。與生產者不同，他們的薦骨中心空白，並不具備生產的動力，卻也因此能開放地，去體驗其它類型的能量狀態，發展出察覺他人、整合團隊、綜觀全局的才能與天賦，投射者能化身為傑出的顧問、管理者與協調者。他們懂得善用每個人的能量，將對的人放在對的位置上，透過引導與佈局，將能量及資源的運用極大化。

你若是個投射者，一生追求的是成功，在此所謂的成功是盡一己之力，協助每個人都成功，如此一來，你就會覺得自己很成功。投射者是新一代的領導者，天性熱心，總是渴望能協助生產者們工作得更有效率，但是，在你開口指導或協助前，請牢記，身為投射者，必須等待被邀請。

⑤ 投射者的能量場

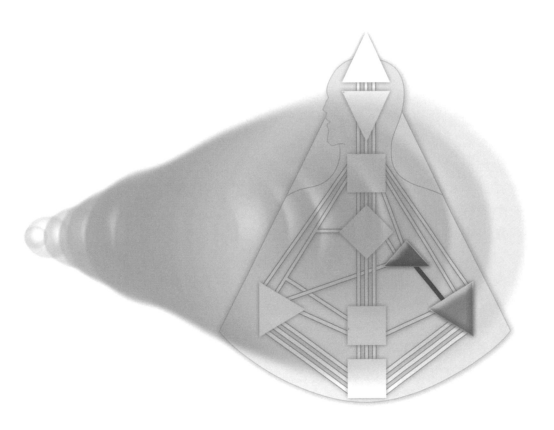

投射者焦點在外，善於觀察周遭環境與人們的狀態，
專長是協助並支持生產者工作得更有效率。

投射者為什麼要等待被邀請？

等待被邀請，是投射者的策略。

邀請在此有多種含義：代表對方真的看見了，並認得你的才能，所以發出邀請。邀請也是一個重要的指標，代表對方已經準備好與你合作，準備好聽你說，所以對投射者來說，一個對的邀請，才能讓自己的才華有用武之地，好好被珍惜。

換句話說，等待被邀請看似消極，其實是以退為進的有效策略。無庸置疑，投射者希望獲得成功，也懂得如何佈局運作，但是若對方尚未準備好，那麼來自投射者的意見、支持與引導，只會被視為雞婆而不會被重視，而這也讓投射者感到很苦澀。

沒有哪種類型比投射者更苦澀了，當投射者自顧自地滔滔不絕，或冷言冷語硬要強逼別人接受自己的觀點，即使事後證明是對的，也只是徒勞無功，無疾而終。投射者的這些好點子、好意見，若沒有被邀請，沒有在正確的時機點提出來，最後只不過飄散在空中，無人理會。這樣的窘境逼得投射者強迫自己化身生產者，拚命工作，親自執行，只是到最後，結果可能並不如預期，還落得自己過勞，變得苦澀、尖酸又刻薄。

換個角度來說，等待被邀請是保護投射者的機制，對的邀請是指標，投射者要遇見伯樂，才有機會充分發揮才能，邁向成功之道。

投射者所等待的邀請，主要是人生中關鍵的四件事：愛情與婚姻、工作與事業、居住的地點與人脈的連結。當邀請尚未發生時，請投射者做自己真心喜愛的事情，當你平和而喜悅，整個人維持健康的狀態，你存在的震動頻率才不會散發出苦澀的氛圍，此時正確的邀請才會出現。

給投射者的建議

投射者透過觀察來學習，擅長規畫與佈局，樂意協助別人成功，所以若能熟悉特定的體制如何運作，就能更有效地支持別人成功，也容易吸引來正確的邀請。投射者等待的邀請，與生產者的等待回應不同，生產者時時刻刻皆能回應，他們透過回應來行動，但是投射者所等待的是一份正式的邀請，這邀請融合了賞識、讚賞、認可與肯定，這樣的邀請才能讓投射者們有機會連結更多的能量與資源，因而獲得肯定，嚐到成功的滋味。

非自己的投射者好苦澀

若投射者處於非自己的狀態下，整個人就會籠罩在苦澀裡，那是一種乾枯、缺乏生命力的感受，夾帶著冷調的憤怒悶在心中，是力不從心，也是懷才不遇，惋惜並嗟嘆自己的才華無人看見，無人珍惜。

若你了解身為投射者的本質，不再勉強自己偽裝成超級生產者，也不再逼自己硬裝成不斷發起的顯示者，當你願意順流而行，理解自己真心喜歡的是什麼，真正尊重自己，重新回歸內在的平衡，靜待正確的邀請到來，這看似環繞不去的苦澀感，就會逐漸消失。

關於投射者

- 投射者天生的設計是焦點在外，所以他們天生聰明、擅長觀察別人，這也是他們藉以了解自己的方式。
- 「等待被邀請」是投射者的策略，當別人真正看到投射者的才華並提出正式邀約後，投射者才會被珍惜。
- 投射者人生中關鍵的四件事需要等待邀請：愛情與婚姻、工作與事業、居住的地點，以及人脈的連結。

Q 投射者等待被邀請的感覺好難熬，因為不知道要等多久，投射者在等待的時候該怎麼做才能忍受煎熬呢？

A：投射者在等待正確且正式的邀請到來時，請做你真心喜歡的事情吧。畫畫、種花、打電動……任何你喜歡，做的時候很快樂的事情。因為這樣能讓你的能量場平和喜悅不苦澀，比較容易吸引正確的邀請出現。

投射者的能量場型態就像投影機的光束，集中專注而向外投射。

投射者請練習靜待別人邀請後再回答。

對的邀請融合了賞識、讚賞，認可與肯定。
投射者感受到對方看重自己，也珍惜自己。

投射者的目標是成功，但是非自己時會感覺很苦
澀。

反映者

隨順月亮週期而運轉的你

每天都是全然的驚喜

反映者的人類圖設計，所有能量中心皆是開放而空白，很容易辨認，他們只佔全人類的百分之一，整張圖只有閘門被啟動，沒有固定被啟動的通道，其能量場展現的方式是朦朧的，散落如月光，他們所扮演的角色也很特別，反映者們能體驗、反映並評斷整體環境的一切。

即使他們如此敏感而敏銳，完全對外敞開，開放接受來自外在影響的同時，其能量場卻宛如不沾鍋般，不見得會輕易隨著混亂起舞。即便九大能量中心都空白，這並不等於他們比其他類型更脆弱，健康的反映者能清楚感受到周圍環境、與別人的能量場狀態，並放大其震動頻率，這是其它類型無法想像的特殊能力。

反映者不見得有興趣研究自己，也不會過於關心他們對別人的影響，對他們來說，每一天都是不同的，若他們了解這一點，就能理解自己為何沒有固定的運作方式，也能從試圖複製成生產者的困境中解脫。他們在各方面都跟別的類型不同，而別人也會感受到他們彷彿每一天，都有些不一樣，令人難以捉摸。

⑥反映者的能量場

反映者的設計，九大能量中心皆空白，流日對他們帶來巨大的影響。

反映者的策略是要等待二十八天才能回應

　　反映者與月亮的運轉緊密相關，月亮隨著軌道運轉，若要走完人類圖的六十四個閘門，需要花上二十八天，而反映者全然敞開的設計，會隨著月亮行經不同閘門時，輪流形成不同的通道，這會讓反映者每一天都產生全新的感受。若他們讓自己有充裕的時間，完整去體驗每件事，便能做出正確的決定，這也就是為什麼反映者的策略，需要等二十八天週期之後，再做決定。

　　這過程對反映者來說，是珍貴且必要的，隨著時間一天天過去，反映者的內心會愈來愈清明，正確的答案將會浮現。經過二十八天消化反芻之後，他們所做出的決定，會是真實正確的答案，若同樣一個問題，過了二十八天之後，依然感到模糊不確定，或許這需要經過另一次月亮週期之後，方能確定。反之，若反映者過兩天就忘了此事，這表示這根本無關緊要，也無須在意。

給反映者的提醒

　　反映者對環境很敏感，他們宛如一面鏡子，能反映出環境品質與周遭人物的狀態，他們需要專屬的獨立空間，每天都要花一段時間，與自己獨處，並多多與大自然接觸，好清除外界所帶來的混亂，若每天能固定抽出時間靜坐、冥想與各種形式與月亮連結，也會有助於內在的平衡。對反映者來說，家人與自己的孩子是非常重要的連結，他們尤其喜愛孩子，孩子單純的本質，讓他們能與之相互映照，重新感受到每一天所帶來的驚喜。

非自己的反映者容易失望

　　不了解自己設計的反映者容易感到失望。你極可能想要偽裝成顯示者、生產者或者投射者，卻覺得怎麼樣都怪怪的，像是穿了不屬於自己的戲服，格格不入。當你開始了解自己的設計，理解自己來這個世界是為了學習愛，透過體驗愛，開始投降並學習接納這一切，而不是執著在自己得「固定」成為一個什麼樣的人，如此一來，活著的每一天都會是嶄新的體驗，你也會真正感受到生命所帶來的驚喜。

反映者的策略需要等待二十八天，這是月亮行經所有閘門的週期，隨著時日過去，他們會有完整的體驗，進而做出正確的決定。

關於反映者

- 反映者所有的能量中心都是空白的，因此缺乏固定被啟動的通道。他們只佔全人類的百分之一。
- 反映者很敏感，他們每一天都會受到流日影響而略有不同，別人也會覺得他們好像每天都不太一樣。他們會反映出所處的環境品質，所以他們每天都要抽出時間獨處，多多接觸大自然，抖落外界帶給他們的混亂。
- 反映者要等待二十八天才能做決定，因為這二十八天中，他們每一天都會對事情有不同的感受，若能充分的等待去完整體會一件事，自然便能做出正確的決定。

Q 反映者因為能量中心都是空白的，他們會不會比其他類型更容易受到制約呢？

A：反映者其實沒有想像中的脆弱，他們的能量場雖然完全敞開，接受外界影響，但同時也像不沾鍋，不輕易沾附周遭負面能量。倒是建議敏感的反映者要多跟月亮和大自然接觸，有助於保持自己內在的清透與平衡。

反映者的能量場就像不沾鍋的鐵氟龍，完全對外敞
開，可以接受來自外在的影響。

反映者要多跟大自然接觸，清除外界帶來的混亂。

非自己的反映者容易感到失望，但只要了解自己來
世界是為了學習愛是什麼，並接納一切，就能感受
到生命的驚喜。

顯示者「告知」的威力

Justo
研究助理
顯示者

　　我第一次接觸到人類圖，是研究所期間在書店翻書的時候看到的。當我看到關於顯示者的相關介紹時，心中產生很大的共鳴。

　　不論是家中或是外面，大家都認為我很難搞，做事情沒有條理，在團體中也被認為是個特立獨行的人。的確，我有自己的主見，而且也不想要照單全收別人的意見。然而，這種性格卻讓其他人覺得我比較不會看人家臉色，別人也人搞不清楚我在想什麼、想做什麼或說些什麼。原來這都是因為我是顯示者，而由於顯示者封閉能量場的原因導致我跟周遭彷彿格格不入。

　　不過，在那次接觸到人類圖之後，我也才發現顯示者具有發起的能量，能在芸芸眾生之中，走出一條屬於自己，與眾不同的道路；但在成長的過程中，會因為環境與人的制約，讓顯示者的光環被掩蓋。看到這段我就理解到如今為止的人生，為何會有不順遂的時候了。雖然我有很多的想法和作法，但還要顧及到別人的感受，所以無形之中就被制約了。

解決這困境的方式，就只有依靠顯示者的「告知」策略了，但我之前並沒有用過，而且依照從小到大的強力制約下，尤其還要顧及別人的想法，「告知」對我來說實在是超級困難的事情。

　　不過最近，我終於成功運用「告知」策略，終結了待業期。我一月從替代役退役後，就開始思考關於工作的事。家人的聲聲催促，我也聽到了卻沒有表示什麼，因為下一階段的人生何其重要，我自己心中也一團亂，需要長時間的沉澱、思考與放鬆。

　　七月初，家裡又再次和我談工作的事情，我終於說出我還在思考，請給我一點時間，那時約定我們八月初再來好好談。當我說出自己想法並得到更多時間時，我有一種暫時解脫的狀態，讓我得以再次放鬆，聽聽內心的聲音。

　　到了七月底，我的心中終於有股聲音，確定一定要找工作了，因此便在一天之內寫好並開啟所有人力銀行的履歷，「告知」全天下我要找工作了，也將開始找工作的訊息讓家人知道，這時終於稍微有種穩定的感覺了。

　　過了幾天，我的電子郵件信箱收到一個工作邀請，我看了看，不到幾秒鐘，確定我對這份工作有興趣，決定通知對方接受面試，也告訴家人這個消息。之後的事情進展得很順利，面試、了解更詳細的情況與環境，最後接受這份工作，終結了待業期。

　　在這個過程當中，我也試著練習依靠自己的情緒內在權威等人類圖的設計方法，來決定工作的事情，結果令我很滿意。這次經驗讓我肯定：如果顯示者真實感受過後想要做一件事情，那就「告知」吧，可能會有令你意想不到的結果喔。

「等待，回應」
對顯示生產者的重要性

艾利斯
金融業
生產者

　　Joyce 說過我是完美的顯示生產者。重視效率、速度快，而我覺得我的速度可以那麼快是因為我很會抓重點。

　　我任職金融業，有時候公司會定出很高的目標要求我們完成。有一次我被要求募款一億，從公告到完成只有一個月的時間。也就是說，我需要在四個禮拜中一一跟我的目標客戶談，說服他們移轉資產，一個月內所有的錢都要匯進來，才算達成目標。別人通常都是按部就班一週一週慢慢跟客戶談。我的做事方法不同，我第一週便將目標客戶全都掃一遍，最後十天再收單。我記得在最後一天的早上，我就完成目標了，這在我的同儕中是不可思議的速度。

　　要怎麼讓客戶買單，怎麼抓重點，當然有訣竅，我會先鎖定大客戶，先敲定最大筆的資金，有些客戶是法人，金錢移轉需要程序，所以一定要先進行。加上跟客戶往來多年，自然能從對方在意的點切入，溝通上順暢很多。募款時間若太短，我會放棄成功機率不高的客戶，聚焦在重點客戶，這就像一個瓶子中若先放好大石頭，接著再放中等石頭，瓶子很快就塞滿了。

不僅工作上如此，從小我就是很會考試的小孩。我高中畢業後先工作兩年後才考聯考，雖然中間兩年沒讀書，但我是以第一名的成績考上。我往往準備考試到一定階段，考前就只開始專心做模擬試題。這樣才不會因為準備要念的東西太多而迷失方向。模擬試題會很清楚讓你知道，有些重要的考題幾乎每年都會出現，而哪些題目原來自己還不會。工作和念書都需要平時打好基礎，但是要能達成目標，一定要懂得抓重點。

　　就是因為顯示生產者動作快，重視效率，所以「等待，回應」對我來說很困難，等待實在太痛苦了。但當我開始學習人類圖後，我曾經運用過在一次奇妙的經驗上。當時有個交往五年的男友跟我提分手，我的薦骨當下沒有回應，於是我要求他將分手的決定權交給我，請他每過一段時間就問我一下。直到有一天他再次問我，我突然就「嗯」發出肯定的聲音。當下聽到那個聲音時，我沒有難過，反而內心有種篤定感。而這時距離他第一次提分手已經整整兩年。

　　等待的這兩年很痛苦，但我也知道快速切斷痛苦，之後只會更難受，說不定療傷的時間更久。而且後來我慢慢才了解，原來當我薦骨發出肯定聲音時，剛好是他的官司結束，我確定他不會再為此跑法院，奔波勞累，即使離開他，自己也能真的放下心來。等待回應的這兩年中，不管是心情上或者生活上都慢慢地在準備，可是如何知道自己真的已經準備好要分手，只有薦骨能給我答案，因為用什麼方式分手其實很重要。等待到一個好的時間點，用最好的方式回應，可以將遺憾降到最低。顯示生產者容易很快說要或者不要，但如果不是出自內心的答案，只是勉強自己切斷或滿足別人，事後只會付出更多時間與悔恨，甚至付出更多代價。

等待邀請，順水推舟的人生

蕭郁書
藝術家
投射者

　　我是個畫家，人類圖改變了我看世界的角度，讓我發現原來只要照著自己的策略，人生竟然可以像順水推舟般不費力往前進，過程中不再有自我耗損，伴隨著是內在純然的快樂與自在，就像這次創作《圖解人類圖》的系列插畫，本來只是自己在人類圖課堂好玩做的筆記，卻因為 Joyce 看到後對畫有回應，促成了我生涯中第一件出版品，這一切不需計畫，只靠著對的能量流動著，你的策略自然會引領你到最適合的地方。

　　當我還沒接觸人類圖時，我並不知道自己是投射者，當然也就不曉得我要等待邀請。從小接受的教育，就是要我主動積極，但每當我主動發起，卻經常被人忽視，沒有人聽見我的聲音，這讓我感到很苦澀、很挫折，我只能試著更用力吶喊，試圖讓別人看到，但通常結果只會更挫敗，我不知道自己出了什麼問題，只能一直催眠自己：大家都是這樣過來的，我要更努力改變，才能成為成功有用的人。

　　一直到經歷車禍而受傷離職，經歷了茫然空白的一年多時間，在那時接觸了人類圖課程。雖然當時因為不知道未來在哪，讓等待被邀請的過程痛苦難熬，卻也讓我體會到，投射者只有在做自己真心喜歡的事情，才能忍受等待的痛苦。

那時，憂鬱的情緒只有在畫畫的當下可以得到緩解，我畫了畫便放上臉書與朋友分享，也因為這樣，2012 年因緣際會接受朋友邀請辦了第一場畫展，出乎意料之外，畫展很成功，賣出很多作品。但對我來說，最大的收穫是終於讓一直擔心我的家人放下心來，他們發現原來當藝術家不會餓死，職業畫家也可以是人生的一種選擇。

　　接下來，幾乎年年都有被邀請辦畫展，畫展的成功還延伸到後續更多更重大的邀請，例如與歌手蔡健雅 Tanya 的 2016 演唱會合作，創作作品「時間之門」，以及跟 Joyce 合作，透過這本《圖解人類圖》，實現了我的出版夢。

　　實驗人類圖給我最深的體會是，真實比完美更有力量，臣服於自己的設計，對於生命不去設想，並靜心等待別人發出正式邀請，我比以往更成功且不費力。而當你活出自己，豐盛會隨之而來，讓你能用你的獨特自在地過活，我享受投射者不費力順水推舟的人生。

第三章

九大能量中心

定義了你是一個什麼樣的人

人類圖上有方塊、菱形、三角形的各種區塊，總共有九個，這就是九大能量中心，各有其專屬的功能，彼此也會相互引發影響。

關於能量中心，
大家最常有的疑問是……

☉ 為什麼我有些三角形或方形有顏色，有些沒有顏色？有顏色和空白是否代表什麼不同的意思呢？

⊕ 有顏色的能量中心比空白的中心好嗎？
我看到朋友的人類圖能量中心幾乎都是有顏色的，有顏色的區塊愈多愈好嗎？

☽ 如果我的人類圖上空白的能量中心很多，是否表示我很容易受人影響，或者迷失自己人生呢？

☿ 我聽說情緒中心空白的人很怕衝突，但忍耐很久之後又突然大爆發，我自己就是這樣，別人往往被我前後的反應嚇一跳，甚至認定我很情緒化。有方法克服嗎？

⑦九大能量中心各司其職

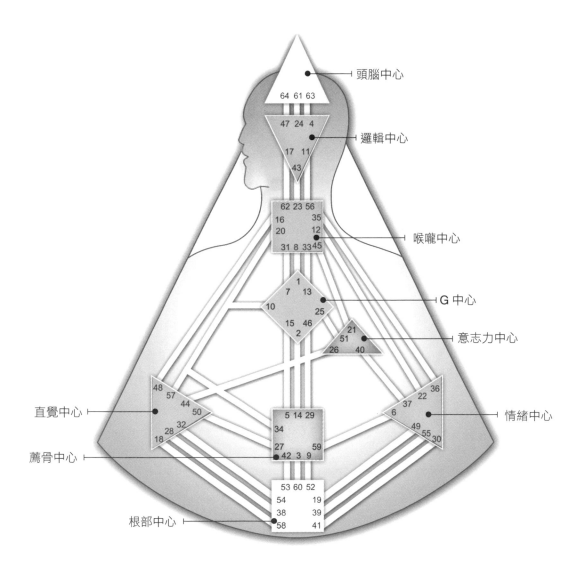

能量中心，
定義了獨一無二的你

你的能量中心定義了你這個人

想像眼前有一張關於你的全身器官 X 光片，五臟六腑一目了然，每個器官各自有其功用，各司其職也相互合作，同樣的道理，人類圖設計代表的是一個人的人生使用說明書，而居中的這張人體圖，宛如一張靈魂精神層面的 X 光片，乍看之下，這張圖上標明了方塊、菱形、三角形的各種區塊，數數看，總共有九個，這就是人類圖裡頭所謂的九大能量中心，每個能量中心皆有其專屬的功能，在生理上也有其相對應的器官，各司其職，自然也會相互引發，相互影響，關於九大能量中心的奧祕，你準備好繼續往下探索了嗎？

在解釋每個中心之前，首先你會注意到有些區塊塗上了顏色，有些呈現空白的狀態，有顏色的部分，代表著持續運作的能量中心，空白的部分，則是每個人開放接受來自外在影響的區塊。這九大區塊各自掌管不同的功能，就像身體各大器官都有不同的功用。九大能量中心個個都重要，缺一不可，集結成整體，簡而言之代表了一個人的：情緒、生產動力、直覺、壓力、意志力、愛與方向、溝通、邏輯與思考方式。

每個人的人類圖上有顏色的區塊，這些能量中心的特性是持續不斷運作，不會忽明忽滅，也不會稍縱即逝，由於穩定牢靠可信賴，也定義了你是一個什麼樣的人。至於圖上那些空白的區塊，則是每一個人容易受外在影響，導致失衡的課題，若能從中學習，其中蘊藏珍貴的人生智慧，靜待你去體會。

　　有顏色的能量中心沒有比較好，空白的能量中心也不是比較慘，比較無益，我們只是設計不同，各自有不同的課題要學習，每個人的生命型態如此獨特，理解自己的能量中心運作狀態是基礎，是很棒的第一步，讓你對自己更能心領神會。

空白中心容易掉入的陷阱

　　你的人類圖上那些空白的區塊，由於沒有固定的運作方式，所以本來就是每個人開放接受來自外在的影響，或可稱之為容易受制約的區塊，各個空白中心皆帶有某種特定的議題，然後這些人生的議題總會在一個人感到混亂，或不健康的時候興風作浪，換句話說，每個空白中心所隱藏的議題很容易化為陷阱，也是每個人最愛鑽牛角尖的地方。

　　以下簡單列出每個空白能量中心，最愛受困的議題，讓我們自行檢測一下，哪些影響了你，哪些讓你混亂不已，以致做出錯誤的決定。而下頁右圖每個空白的能量中心，都有屬於自己的課題，你可以問問自己這些問題，檢視自己當下的狀態。

接下來，讓我們針對每個能量中心一一說明，除了解釋基本功用，也會簡短說明有顏色與空白的中心，各自會有什麼樣的表現，請配合你自己的人類圖，一起來了解你自己吧。

了解自己的人類圖設計是美妙的第一步，了解之後，才能在日常生活中，練習好好觀照自己，每當混亂重現，就是讓你學習人生課題的契機。非自己的混亂來自於制約，要鬆綁並不容易，但若有能力去意識到它的存在，便能步上蛻變與新生的旅程。

小提醒

每個人的空白中心是自己比較脆弱的地方，因為向外開放，所以容易受影響與混亂。頭腦也會利用這些弱點而試圖掌控。右圖列出各個空白中心的非自己對話。請攤開你的人類圖，看著自己的空白能量中心，你是不是常為此所苦呢？

⑧ 空白中心的自我對話

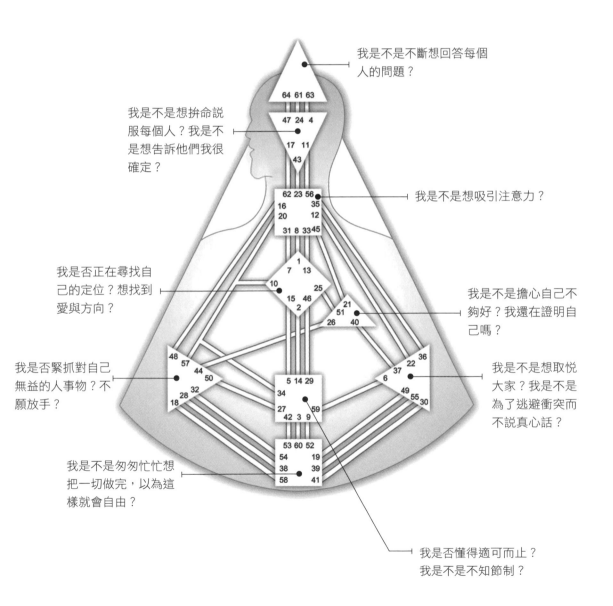

我是不是不斷想回答每個人的問題？

我是不是想拚命説服每個人？我是不是想告訴他們我很確定？

我是不是想吸引注意力？

我是否正在尋找自己的定位？想找到愛與方向？

我是不是擔心自己不夠好？我還在證明自己嗎？

我是否緊抓對自己無益的人事物？不願放手？

我是不是想取悦大家？我是不是為了逃避衝突而不説真心話？

我是不是匆匆忙忙想把一切做完，以為這樣就會自由？

我是否懂得適可而止？我是不是不知節制？

頭腦中心和邏輯中心

人類頭腦裡，
靈感形成概念的生產線

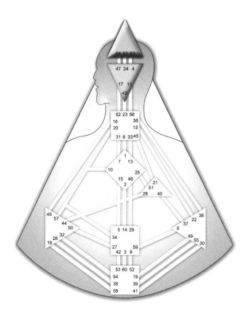

❾頭腦中心和邏輯中心

說明

　　頭腦中心是靈感來源，在此有股壓力驅動著我們，讓我們不斷想理解、思考並了解萬事萬物，所以才會從疑問開始，逐步發展成觀點，而所有反覆思索的過程，將會化為多樣化的詮釋與洞見，身為人類總希望能想通各式各樣的事情，方能為這世界所發生的一切，找到合理的解釋，就是因為有困惑，才會衍伸出不同的領悟和想法。

　　邏輯中心是腦中概念化的過程，能將答案轉為意見、概念與理論。這是處理資訊的中心，透過各種檢視、比對、研究與溝通的過程，將頭腦中心所產生的靈感，轉化為實用的訊息。

頭腦中心與邏輯中心，宛如腦中靈感形成概念一條生產線。頭腦中心是產出靈感（原料）所在，邏輯中心是形成概念的加工廠，當靈感進入系統化的重組、添加、刪減與包裝的過程，終於成型。

有顏色的頭腦與邏輯中心

左頁人類圖中有顏色的兩個三角形分別是頭腦中心和邏輯中心，如果你這兩塊都有顏色，就表示你有固定的思考模式，以及固定理解事物的方式。靈感透過頭腦與邏輯中心，轉化演繹出來的產品，可不只有文字概念，也包括音樂、香氛、藝術與影像。當然當別人聆聽音符、感受香氛、體會藝術與影像時，完成的產品當然已跟原本的靈感截然不同。不同生產線作用不相同，即使兩個人的頭腦與邏輯中心都有顏色，也會因為其各自設計不同，接通的通道與閘門不同，而有全然不同的靈感演繹過程與產出。

空白的頭腦與邏輯中心

若你的頭腦與邏輯中心空白，這並非表示你不會思考，或不懂得思考，而是你本身並不具備固定的思考模式。空白的頭腦中心開放有彈性，懂得接收來自外界的引發與影響，靈感來自四面八方。

空白的邏輯中心則沒有固定的邏輯歸納方式，因此可以非常靈活，以各種切入點來思考，但從另一面來說，缺乏固定的想法與思考模式，也讓他們常常沒有定見，無法確定，若陷入堅持自己是對的窘境，就會從原本的彈性，反轉成僵化與固執。

關於頭腦與邏輯中心

· 疑問在頭腦中心形成觀點，目的是想理解世界一切事物的壓力。
· 邏輯是資訊處理中心，將頭腦中心的靈感轉為實用資訊。
· 頭腦加上邏輯中心就像我們體內靈感形成概念的生產線。

Q 有顏色的頭腦和邏輯中心的人，跟這兩個能量中心空白
的人思考模式有什麼不同呢？

A：頭腦和邏輯中心有顏色的人，有固定產生靈感和思考的模式。空
白的人想法開放，較有彈性，所以比較能接受各式各樣的思維和
觀念。

Q 頭腦與邏輯中心空白的人，若對很多事情感到無法確定
是OK的嗎？

A：當然！你可以試著將空白的頭腦與邏輯中心想成一個空的容器，
正因為它是中空，所以能容納各式各樣的想法，靈感與概念裝進
來之後也能好好淘汰或調整。換言之，頭腦與邏輯中心空白的人
就因為不確定，反而有彈性，可以開放接受新的想法、新的思維
模式，是頭腦相當靈活的設計。

空白頭腦中心的人沒有固定的思考方式，缺點是容易混亂或感到不確定，優點是開放有彈性。

邏輯中心是資訊處理中心，空白邏輯中心的人沒有固定的邏輯歸納方式，若面臨挑戰時，容易陷入堅持己見，堅持自己是對的困境，假裝自己很確定，卻變得僵化又固執。

喉嚨中心

透過說話與溝通來表達自己，與世界互動

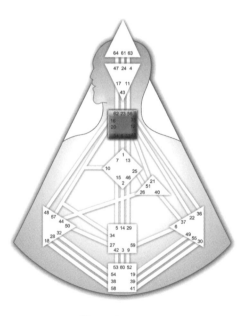

❿喉嚨中心

說明

　　喉嚨中心負責溝通與發起。頭腦和邏輯中心所產生的靈感與想法，會透過喉嚨中心來傳達，透過語言，讓我們能理解彼此的所思所想所感，拜喉嚨中心所賜，人類才能將長遠以來所累積的經驗與知識，代代傳承，這就是文明進展的歷程。人說出口的話，如同強力射出的箭，有其去處與目的，當然也帶有能量。很多時候一句話就能改變世界，溝通自己的想法，是讓理想成真的第一步，接下來才能影響更多人與你一起採取行動。

有顏色的喉嚨中心

有顏色的喉嚨中心，具有固定的溝通方式。一張人類圖設計，根據其喉嚨中心所接通的另一端中心為何，溝通風格就此確立。這可以說明有些人總是一開口，便充滿了情感，每一句話都渲染力十足，鏗鏘有力。有些人說的話真誠，總是情深意摯，也有人說話的方式極具條理，專攻邏輯辯證……等等，總之，若你的喉嚨中心有顏色，這代表你有習慣的說話風格，那就是屬於你的溝通方式。

空白的喉嚨中心

如果你的喉嚨中心是空白的，並不是你不會講話，完全不是，這只是代表著你沒有固定的溝通方式，空白也意味著極具潛能，有空間能學習以各種方式來表達，若經由後天的學習與培養，長大後往往有機會能展現優異的口語能力，或滔滔雄辯或感性真誠，展現各種型態的說話風格，有許多厲害的歌手、演說家、口譯或脫口秀主持人，皆具備空白的喉嚨中心。

空白的喉嚨中心要注意的地方是，因為容易接收來自外界影響，對於沉默特別不安，會不由自主想透過發言來解除壓力，也渴望吸引更多的注意力。請特別小心，不要因此而喋喋不休，脫稿演出，或者不停講話與發起，這只會吸引錯誤的注意力，這樣的溝通也不會為你加分。

關於喉嚨中心

· 表達很重要，溝通很重要，人說出的每一句話都有其目的與能量。
· 喉嚨中心以語言來溝通，久遠的經驗才能代代傳承。
· 每個人的溝通方式之所以不同，是因為每個人的喉嚨中心被接通
的通道與被啟動的閘門皆不同。

Q 有顏色的喉嚨中心比較會說話嗎？

A：有顏色的喉嚨中心代表著有固定的表達方式，相對於喉嚨中心空
白的人，由於後者沒有固定的溝通方式，反而有機會學習以各種
方式來表達，所以喉嚨中心是否有顏色，不見得能與比較會說話
畫上等號。

Q 空白喉嚨中心要留意溝通上的什麼狀況呢？

A：不要成為人群中第一個發言的人，回到你的內在權威與策略，有
自覺地發言，而不是無意識地滔滔不絕，避免引發不必要且錯誤
的注意力。

空白的喉嚨中心容易受到別人（如喉嚨有顏色的人）
所制約，滔滔不絕講個不停。

G 中心

我是誰？我要往哪裡去？

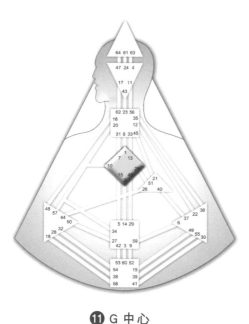

⓫ G 中心

說明

「我們來到這個世界並不是為了被愛，而是成為愛。」祖師爺 Ra 如是說，G 中心代表愛、方向與自我定位。我是誰？什麼是愛？我的人生方向在哪裡？這些問題都是大哉問，是許許多多文學作品與哲學思辨，反覆試圖渴求解開的謎團，人生如戲，人人皆在不同時間空間裡，粉墨登場扮演起某個角色，我們以各自的姿態體驗人生，以自己的方式探索生命，尋找自己在這世界上的定位，而這一切，皆屬於 G 中心所涵蓋的範疇。

有顏色的 G 中心

G 中心有顏色的人，對於自己所要扮演的角色，不管喜不喜歡或擅不擅長，都有固定的看法，不會特別不舒服或感到迷惘與困惑。他們通常能自在地愛自己，並展現對別人的愛，但這並不等於，他們從未在自我定位或愛的相關議題上感到困擾，他們也會經歷探索自我的

過程，但這個議題並不會一直困擾著他們，當他們回到內在權威與策略，這困擾終會消失。

空白的 G 中心

G 中心空白的人，對自己的自我定位缺乏固定的看法，也因此，對於自己在工作與愛情裡所扮演的各種角色，難免會萌生不確定之感，即使很喜歡這份工作，或很愛眼前的這個人，不確定感依舊存在。這也不難理解他們為什麼喜歡自我探索，也花很多工夫來研究自我相關的議題，然而，如果他們能讓人生如捲軸般在面前展開時，就能在各式各樣的體驗與經驗中，累積出屬於自己的人生智慧。

G 中心空白的人對空間很敏感，他們很清楚這空間舒不舒服，適不適合自己。環境對他們來說如此重要，所以對於居住和工作地點的選擇，就要更加審慎，若身處正確的空間，就能自在展現自己，也容易遇到對的人，同時做出正確的判斷。反之，若是處於不正確的空間裡，他們會努力融入，拚命扮演某些特定的角色，反倒容易迷失自己，也無法伸展所長。

建議 G 中心空白的人可以多方嘗試，不管是工作或交往的對象，真正投入體驗之後，才能體驗自己是否適合，或真正喜歡的是什麼。請 G 中心空白的人別因為人生缺乏固定的方向而恐慌，也不必用力向外求，拚命將各種頭銜與身分加諸在自己身上，請回到內在權威與策略，你的人生會像一朵含苞待放的花，等待因緣俱足，一層又一層在眼前綻開，一陣清風吹過，芳香襲人，你會體驗到什麼是驚喜與喜悅。

關於 G 中心

· G 中心代表的是愛與人生方向，是關於你在這世界上的自我認知與定位。

· G 中心有顏色的人並非對人生不感困惑，而是「追尋自我」並非他們終其一生去深入探索的問題。G 中心空白的人則經常會有想了解自己、對自己要扮演什麼樣的角色產生不確定感。

Q G 中心空白的人就表示沒有人生方向嗎？該怎麼面對自己的人生？

A：G 中心空白的人不是沒有人生方向，而是沒有固定的方向。很可能這段時間扮演某個角色，過了一段時間又會感到困惑：「這是我要的人生嗎？」人生中經常處於探索與向外追尋的狀態。若回到自己的內在權威與策略，無須向外探求，你的空白中心自然會吸引正確的人事物來到你面前。

Q 為什麼環境對於 G 中心空白的人很重要？

A：正因為空白，所以很敏感。G 中心空白的人一踏入某個環境與空間，自然而然會感覺到是否舒服或適合自己。請務必尊重身體的感受，你唯有在對的空間生活與工作，才能遇到對的人與正確的機會。

若 G 中心空白的人回到自己的內在權威與策略,正確
的人會在正確的時機點出現,指引你接下來的方向。

意志力中心

我夠好嗎？我值得嗎？
要如何才能證明自己？

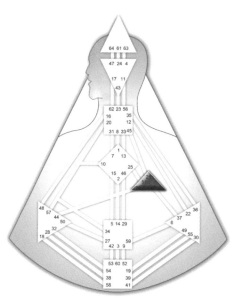

⓬意志力中心

說明

　　意志力中心與自我價值、目標設定，以及如何在物質世界獲得成功緊密相關。意志力中心在左圖中所佔的面積不算大，看似只有四個閘門，但其威力卻不容小覷，意志力中心具有強大的動力，非常適合設定目標，再一鼓作氣完成它，稍事休息放鬆後，再朝向下個目標，準備再衝刺，獲得下一次的成功。

有顏色的意志力中心

　　如果你的人類圖中，意志力中心有顏色，就表示你具備持續運作的意志力。對你來說，在人生裡設定各種目標並達標，對你來說很健康，或許你可以設定幾歲之前想賺多少錢、何時要取得某個重要的合約、如何讓下一季業績再創新高……等等目標，當你達成自己所設定

的目標後，你會愈來愈自信，愈來愈肯定自己的能力，也對自己更有把握。換言之，如果你的意志力有顏色，卻從未設定人生目標，其實很可惜，因為意志力有顏色的人，憑藉的就是一股意志，支持著你，讓你在困境中撐下去，直到達成目標為止。記得完成目標之後，你需要休息，才能儲備足夠的精力，為下一次的衝刺而奮鬥。

對於意志力中心有顏色的人來說，面對人生突如其來的巨大挫敗，表面上看似摧毀了你的自尊心，讓你的自信幾乎瓦解，就算是看來難以恢復的困境，但如果你願意再次相信自己，就能再次爬起來，這股重生的意志經火鍛鍊，會變得更加堅定與強大。

空白的意志力中心

如果你的意志力中心空白，並不表示你缺乏意志力，這只是代表著你的意志力忽明忽滅，沒有固定運作的方式，所以往往空白意志力中心的人，會試圖以各種各樣的方式來證明自己。但問題是設定目標，以意志力來穿越的方式，並非他們與生俱來的驅動力，所以即使達成目標，也會錯愕地發現自己並沒有想像中的滿足與開心，即便犒賞自己，也難免感覺空虛。若是沒達成目標，又會覺得一切都是自己不夠好，陷入自責自憐的循環。

空白意志力中心的智慧在於，放下證明自己的執念，你存在的價值，根本不需要透過完成任何事情來證明，注意到自己是否常常自我質疑，自我攻擊，認為自己不夠好，於是又加倍鞭策自己，活得非常辛苦……停！你無須證明自己，你是夠好的，你是值得的，這就是你能累積的人生智慧——肯定自己。

關於意志力中心

- 意志力中心是強大的動力中心，與自我價值和目標設定息息相關。
- 不是所有人皆適合設定目標。對意志力中心有顏色的人來說，人生有目標是健康的，但同樣的事情對於意志力中心空白的人來說，可能會是莫大的折磨。
- 空白意志力中心在人生中所學習的智慧是，你無須透過做任何事情來證明你自己。你無須鞭打自己、驅策自己、努力迎頭趕上別人。你只需要回到自己的內在權威與策略，做自己真正想做的事情。

Q　意志力中心空白的人會比較沒有自信嗎？

A：由於空白意志力中心缺乏固定運作的意志力，為了證明自己，常常會拚命設定目標，督促自己完成。若費盡力氣達成目標，就能肯定自己，甚至自我膨脹，充滿自信，但這種自信的狀態通常也不太持久。若沒有達成目標，又會攻擊自己，覺得自己是不是不夠好，再次掉入缺乏自信的狀態之中。所以，意志力中心空白的人會比較沒有自信嗎？他們若在非自己的狀態下，會容易為此受苦，但只要學會肯定自己，不再證明自己，就能從缺乏自信的困境中破繭而出。

意志力中心空白的人，若是為了證明自己而做，就算達標，還是難以肯定自己。

他們若在非自己的狀態下，容易為此受苦，但只要學會肯定自己，不再證明自己，就能從缺乏自信的困境中破繭而出。

情緒中心

情緒是禮物，
不管喜怒哀樂都是美好的體驗

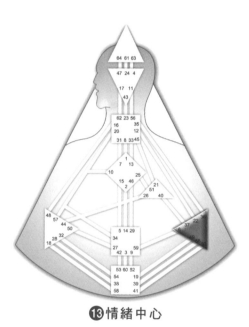

❸情緒中心

說明

　　情緒中心是關於體驗情緒、情感、慾望和感受力。任何情感層面的感覺，都由情緒中心來主導，情緒很美，也很不穩定，情緒就像水，高低起伏之間，每一種感覺都帶有不確定之感，無法預測，無法合理化，無法掌控，更無法壓抑。自己的感覺也不見得時時看得清，而不確定的感覺底層藏著緊繃與衝動，又讓人好緊張，好焦慮，充滿情緒的當下，往往無法看清楚事物的本質。

有顏色的情緒中心

　　如果上圖中，你的情緒中心有顏色，這代表對你來說，你的「感覺如何」真的很重要。你的情緒具有週期性，如果你開始留意並紀錄下來，會發現隨著時間過去，自己的情緒高低起伏有其脈絡可循。同樣的世界，同樣的事件，在情緒週期的不同階段，所帶給你的體會與感受會截然不同。也因此不管做什麼事情，你需要給自己多點時間，好好體會，在不同的時間點，自己的感受不同，也會獲得不同的觀點。如果你的情緒中心有顏色，請不要在當下做決定，情緒會讓人在

當下看不見真相，靜待度過情緒週期，如此一來才能好好消化，歷經情緒帶來的完整過程，這就是面對情緒，與情緒共處的智慧。

　　情緒是一股巨大的動力，高亢時興致勃勃，低落時毫無幹勁，情緒處於高點時固然令人欣喜，然而低潮也有其存在的必要性，看似低潮的時候，其實是一個人重整、修護、成長與蓄積能量的絕佳時機，也能從中挖掘出與平時全然不同的觀點。難過與悲傷，或許讓你感到不舒服，卻是人生中獨特的禮物。若情緒中心有顏色的人，無法接納自己情緒低落的狀態，不斷要求並勉強自己開心起來，長期下來反而會對自己造成傷害。情緒本身沒有好壞，更沒有優劣之分，若你能允許自己好好經歷完整的情緒週期，才會邁向健康的循環，這會讓你的人生更有深度、更圓滿也更豁達。

空白的情緒中心

　　如果你情緒中心是空白的，表示你能敏銳感受到別人當下的情緒，也容易受到外來情緒的影響或引發。你獨自一人時溫和平靜，但只要與外界接觸，可能會突然出現強烈的情緒釋放，忽喜忽悲，突然大怒或流淚，戲劇性十足，往往連你也搞不清楚自己這人來瘋的現象，究竟是怎麼一回事。若遇到這種情況，可以分辨自己在當下的情緒，是否來自他人的能量場影響，你可以試著先離開現場，感受一下自己的情緒，或許很快地，你又能恢復平靜，情緒中心空白的人，由於對別人的情緒特別敏感，所以害怕衝突，加上不想去感受別人的不悅、憤怒，或種種負面情緒，被制約的結果就是不斷委屈自己，試圖討好別人，或取悅周遭所有的人。

　　空白情緒中心要學習的重要課題是：我可以感受到別人的情緒，但是這並不代表我要為任何人的情緒負責任，不要因為害怕衝突，而壓抑自己真正想說的話，或真心想做的事情，這世界上沒有誰，可以無止境地取悅他人，要有被討厭的勇氣，學習忠於自己。

關於情緒中心

· 情緒中心與情感層面的所有感受息息相關，儘管不穩定、不確定，卻也蘊藏極大的能量，驅使我們完成許多事情。

· 情緒沒有好壞，情感是驅動力，完整經歷情緒的高潮與低潮，才能看清一件事情的真實樣貌。

· 空白情緒中心的人，要學習區分自己所感受到的情緒，穿越對衝突的恐懼，說你真心想說的話，做真正想做的事情。

Q 社會的整體價值觀皆崇尚理性，認為情緒化是不好的，為什麼人類圖會說，情緒中心有定義的人不要壓抑自己的情緒？難道我們可以隨意發洩情緒嗎？

A：首先，崇尚理性的另一面，是因為人類對情緒所知甚少，情緒是我們正在學習與進化的領域，由於不理解情緒如何運作，於是試圖以理性的角度去解讀，甚至壓抑情緒，認為情緒是不好的。但是若要每個人的情緒皆平靜無波，本身就極不合理，也不可能做得到。學習觀察自己的情緒週期，體驗情緒高低起伏所帶來的感受，不要壓抑自己的情緒，並不代表我們就得隨意發洩，而是安然體驗並領略在不同的情緒狀態下，會產生的感受與觀點，這就是情緒所帶給我們的智慧。

情緒中心空白的人，容易被情緒中心有顏色的人所
影響，瞬間以兩倍的強度爆發，讓人錯愕不已。

直覺中心

那個確保讓你安全的小聲音

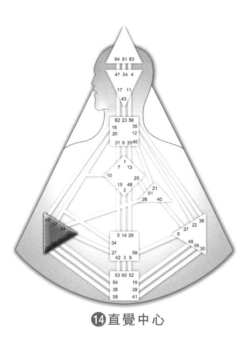

⒁直覺中心

說明

　　直覺中心也就是脾中心,代表生物求存的本能。我們在此所說的直覺,代表的是生物的本能,這是為了求存而衍生出來的敏銳察覺力,也是為了保護生命安全,確保物種得以順利存活的運作機制。換句話說,直覺的小聲音,告訴我們的是警示,也是提醒,來自直覺的提醒,只會在當下說一次,若你沒聽見,或假裝聽不見,它也不會再重複。來自直覺的訊息不見得會有理由,也沒有周詳的邏輯可供佐證,於是人們經常在事過境遷之後,才會恍然大悟當時直覺所發出的警告如此準確。

有顏色的直覺中心

　　如果你的人類圖上,上圖的直覺中心有顏色,表示你可以信賴自

己的預感與直覺。儘管直覺一閃而過時，當下不見得會有足夠的證據可以證明，也很容易被頭腦駁斥為不合理，或歸類為不重要，但是，請你務必重視自己直覺的聲音，否則很可能在受傷或者發生意外之後，才會哀嘆「我早就知道了！當時就覺得怪怪的。」這一閃而過的直覺，是確保你會安全的小聲音，裡頭隱藏著寶貴的線索，足以讓人趨吉避凶。

直覺中心有顏色的人，有特定的方式可以面對並處理自身的恐懼，較不會讓恐懼無來由地，不斷不斷無限放大，他們生來也比較有安全感。

空白的直覺中心

如果你的直覺中心空白，代表你的預感與直覺並非時時刻刻持續運作，儘管有時候可能會湧現強烈的直覺，卻不見得可靠，也不值得採信。相對之下，安全感是你在生命中的重要議題，你容易過度放大自己的恐懼，誤以為恐懼是真的，甚至被恐懼所吞噬，導致緊緊抓住對你已經不好的人事物，不願意放手，也不敢嘗試新的事物。若你能了解自己內在的恐懼永遠不會消失，這並非命運與你為難，而是宇宙巧妙的安排，讓你有機會能學習如何與恐懼共存，讓你能對他人的恐懼與身體的病痛感同身受，讓你擁有溫柔的同理心，或許你就能活得更坦然，也終於釋懷。

雖然安全感對直覺中心空白的人來說是功課，卻可以經由後天學習，以正向的方式來引導，讓他們願意放下對恐懼的抗拒，進而學會安然地與恐懼共存。否則他們很容易貪戀安穩，誤以為不變就有安全感，或者轉向另一種極端，以為只要不斷逼迫自己克服恐懼、戰勝恐懼，就會找到出路，以上兩種狀態，皆是空白直覺中心所產生的非自己制約模式，要注意。

關於直覺中心

- 直覺中心是關於求存的本能，往往聲音微小，一閃即逝。
- 直覺只會出現一次，你在當下可能會覺得很不合理或不合邏輯，但請務必留意。

Q 直覺中心空白的人，真的完全無法相信自己的直覺嗎？

A：直覺中心空白的設計，並非沒有直覺，而是沒有固定可倚賴的直覺運作系統，這會讓他們的直覺有時準，有時不準，他們也很容易被別人所影響，而把保護別人的直覺訊息，誤以為是對自己的提醒。直覺中心空白的人別依靠自己忽明忽滅的直覺，請回到你的內在權威與策略，就能做出正確的決定。

Q 直覺中心空白的人，容易缺乏安全而感到不安，他們該怎麼做來穿越自身的恐懼？

A：直覺中心空白的人，常常誤以為熟悉就等同於安全感，而緊抓住已經行不通的人事物不願放手，如果你的直覺中心空白，你也注意到自己有這樣的傾向，請提醒自己恐懼永遠不會離開，但是恐懼並不是敵人：我不必擊潰自己的恐懼，我可以與自己的恐懼共存，帶著恐懼往前走，因為恐懼是提醒，讓我能更警覺，如此而已。若能時時保持自覺，就不會被恐懼所牽制，而做出錯誤的決定。

直覺中心空白的人，容易困在自己的不安全感裡，
就算受苦，也可能忍受而不願放手。請注意到自己
的非自己狀態，學習與自己的恐懼共存。

根部中心

壓力是動力，耐壓的人才會成功？

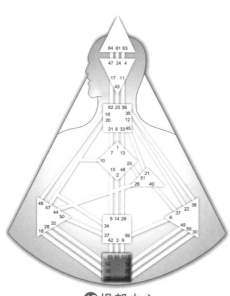

⑮根部中心

說明

根部中心是處理壓力的能量中心，這股強而有力的驅動力，宛如生命的燃料，驅動人類克服環境的困境，找到求生之道。壓力無可避免，壓力本身沒有好壞，而是一股珍貴的動力，讓我們可以適應世界，也促使人類不斷進化，向前邁進。

有顏色的根部中心

如果左圖中，你的根部中心有顏色，表示當你面對壓力時，會引動特定的對應模式，你的設計可以承受壓力，對你來說，壓力是動力，一有壓力，便能付諸行動，面對壓力，不但不會有先天的恐懼，還會躍躍欲試，湧現無法以言語解釋的興奮感，像一場令人興奮的冒險。但是你也要明白，這並不表示每次壓力一來，你都能一肩擔起，若承受的壓力過大，同樣會對身體造成難以抹滅的損傷。

有顏色的根部中心抗壓性高，生命力強，有時也會無緣無故感到焦躁或煩躁，若能養成持續運動的習慣，就能適度釋放體內所累積的壓力，運動能讓你體內重歸平衡，也能讓你在面對壓力時，更加游刃有餘。讓壓力化為真正的動力，轉為正向的循環，有益身心健康。

空白的根部中心

如果你的根部中心空白，你若處於健康的狀態下，會是一個平和的人，你並不喜歡壓力，因為壓力容易讓你緊張失常，反倒是平和的狀態下，你的表現才會好。有些人容易在大考失常，或面對壓力時臨陣脫逃，極有可能是空白根部中心的設計，由於接收來自周圍的人或環境裡的壓力，就會拚了命以最快的速度來擺脫這些壓力源，卻沒料到擺脫了眼前的壓力，又會有其他的壓力排山倒海而來，這循環永無止盡，最後只會讓人筋疲力竭。

相對於根部中心有顏色的人，空白根部中心的人，有時候反倒會更頻繁地，無端對人施壓，那是因為在團隊合作的過程中，若別人的工作尚未完成，他們就無法自壓力中解脫，為了解除壓力，只好不斷催促或逼迫周遭的人，殊不知如此一來，反倒讓夥伴們的壓力更大。這時請你提醒自己，快點把事情做完就能解決問題嗎？現在匆促想完成的，是不是你真心喜愛的事情呢？在這壓力底下，你是否還有愛、平和與喜悅？若答案是否定的，就是要重新調整自己步調的時候了。

關於根部中心

- 根部中心是處理壓力的能量中心，驅動人類克服困境，在這世上找到生存之道。
- 壓力是促進進化的重要燃料。
- 不同的設計，面對壓力的態度和承受度也不同。

Q 職場上怎麼可能沒有壓力，如何訓練空白根部中心的人耐壓？

A：對根部中心空白的人來說，壓力並非驅動他們往前的動力，與其訓練他們耐壓，還不如引發他們的興趣，提醒他們在做每件事情之前，想一想自己當初為什麼會喜愛這件事？是什麼原因讓他們選擇做這件事？空白根部中心的設計，需要重新回歸愛、平和與喜悅，從工作中找到自己所喜愛的切入點，如此一來，就算環境中充滿壓力，空白根部中心的人也能樂在其中，遊刃有餘。

Q 如何與根部中心有顏色的人相處？如何逃避他們所帶來的壓力？

A：對於根部中心有顏色的人來說，他們並不是特意要給你壓力，不見得是他們說了什麼或做了什麼，而是他們的存在本身，其能量場容易讓人感受到滿滿的壓力。而根部中心除了壓力之外，也代表腎上腺素分泌所帶來的衝勁與興奮感，換句話說，他們的存在除了壓力之外，也會為平凡無奇的日常生活帶來許多驚喜。若你覺得與他們相處時壓力過大，可以暫時離開對方的能量場，區分什麼是你，什麼是來自外在的影響，讓自己重新回歸平和。

根部中心空白的人，為了逃避壓力會拚命催促自己，想快速完成交辦事項，以為做完就能自由，而獲得「快手」的稱號，殊不知做完之後，後頭還有更多的工作等著你。

薦骨中心

嗡嗡嗡，去做工，
這是全世界最偉大的電池

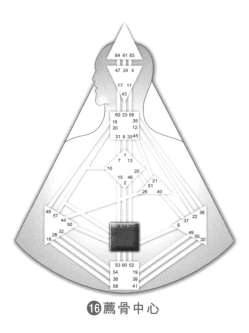
⑯薦骨中心

說明

　　薦骨中心是一部持續運作，龐大無比的超級動力機，產出源源不絕的生命動能，這是一股持續運作的豐沛能量，讓人類擁有工作、生產與創造的能力，同時也驅動著我們繁衍、養育與照顧下一代。薦骨中心與性、工作、繁衍、生命力……緊密相關。只要薦骨中心有顏色，就會是純生產者／顯示生產者的設計，透過薦骨的聲音來回應，就能在每一個當下，展現身體的真實狀態，引導他們做出正確的決定。

有顏色的薦骨中心

　　如果你上圖中的薦骨有顏色，你就是純生產者／顯示生產者。這表示在你體內有一股固定運作的能量，富有充沛的生產力與創造力，而你來到這世界，就是要善用這股偉大的能量，好好工作、創造或建

立某項志業，若能持續從事自己喜歡的工作，就能從中獲得滿足，即便再怎麼疲累繁忙，在工作結束後，內心會湧現難以言喻的滿足感。反之，若不喜歡自己的工作，或者無法確定自己想做什麼，長久下來容易感到挫敗沮喪，身心狀態也會變得不健康。

不管薦骨有沒有顏色，每個人的薦骨都會發出類似嗯嗯啊啊的聲音，但是薦骨有顏色的人，可以信賴自己所發出的薦骨聲音。每個人的薦骨聲音都不同，來自不同文化的人，所發出的薦骨聲音也不盡相同，在華文世界裡，「嗯！」可能表示肯定，「嗯…」可能表示否定或者不確定，至於驚歎、呻吟、嘆息聲，其實也都是你的薦骨以不同的方式回應。當你的薦骨發出明確肯定的聲音，這表示你有足夠的動能能支持你完成，做完之後，也會感到滿足。

空白的薦骨中心

如果你的薦骨中心空白，表示你沒有持續運作的薦骨動力，但是卻能充分感受到周圍人們的動力狀態，因此空白薦骨中心所具備的潛能是：協助薦骨有顏色的人從事適合他們的工作或更有效率地工作。但空白薦骨中心的設計也容易被外來強大的薦骨能量影響，因而不知節制地工作、玩樂、熬夜或過度耽溺於性愛等，導致過勞。所以要提醒空白薦骨中心的人，要有固定的上床休息時間，要懂得節制，知道何時該喊停。

關於薦骨中心

· 薦骨是偉大的動力機，從中產出源源不絕的生命動能。
· 只要薦骨有顏色，就會是純生產者或是顯示生產者。
· 薦骨有顏色的人透過聆聽自己薦骨所發生的聲音，就能得到最真
　實的答案。

Q 為什麼工作對生產者來說這麼重要？

A：生產者的薦骨中心一定會有顏色，這是一股源源不絕的生命動力，
　　讓生產者能投注自身能量在各個層面的產出、創造與建造上，若
　　生產者善用薦骨的動力，從事自己真心喜愛的工作，除了從中獲
　　得滿足感，也會讓生產者活得更有勁，更健康。

Q 為什麼有些薦骨中心空白的人，反倒是最拚命工作的那
　　一個？

A：由於薦骨中心空白的設計，不管是顯示者、投射者或反映者，很
　　容易兩倍反應周圍生產者的狀態，誤以為自己具有源源不絕的動
　　力，而活得比生產者更像生產者，拼命工作個沒完。要提醒這些
　　薦骨中心空白的人，注意自己是否過勞了，你的強項是協助別人
　　更有效地工作，而不是自己做個沒完，你有沒有把自己放在對的
　　位置上呢？

空白薦骨中心常常做很多事都不知節制，這對身體
的傷害特別大。

去黑市買能量中心

Irene
文字工作者
生產者

　　學過人類圖一、二階課程以後，我愈來愈察覺到，空白能量中心裡面各種「一個人的內戰」。一開始的時候，非常想要把這些空白填滿，我不知妄想了幾次，這世上能有個「能量中心黑市」，讓人可以像買腎買肝那樣，買一個有定義的能量中心回來移植。

　　我想買根部中心。從前上班時最有苦難言的，就是根部中心發達的前老闆，完全不能理解為何工作行程只要稍微緊湊一點，我就呈現瀕死狀態。事前焦慮，當下奮力撐過場面，事後就化為虛魂，覺得一條命預支了九成來活，剩一口氣只夠我擠捷運回家癱沙發。

　　看過人類圖，知道自己不耐壓以後，哀怨了一陣，原來我就是顆草莓，只好哭著對自己說，勵志書都是騙人的（唱）。我羨慕極了別人有根部中心，腎上腺素噴嘴暢通，必要時湧出一條河道來，抓著衝浪板咻一下就度過各個關卡。唉，好想買。

　　念頭出現幾次，倒是幡然悔悟，黑市東西貴，要買當然先買意志力中心，買什麼壓力呢阿呆。只要能有一點自我感覺良好，多肯定自我價值一分，便不用再害怕成為敗壞一切的老鼠屎。即使根部不夠抗壓，頭腦想不出答案，害怕面對衝突又如何？只要我能篤定，事情

會敗一定是因為層層環節各有疏漏，事情會成卻絕對少不了我一分功勞，那就好了。不用再一直擔心我的沒出息是否拖累了誰，誰是不是生我的氣，胸口的壓力就可以減輕許多吧？

對，就買一顆意志力中心。
咦？

好啦，我也知道沒人賣。我一早哭完擦乾鼻涕認清現實了，認清現實，是突破現實的第一步，每個人的人類圖，填滿和空白的部分，到死都會是同樣的分布。Ra 說「愛自己，別無選擇」，乍看像是溫暖的鼓勵，卻也點出無情的人間規則，認清自己的原貌，熟悉原貌，善用原貌的人，才能活得省力自在。這事說起來簡單幾句，做起來曠日廢時。閃避是徒勞，自愛晚不如早。

所以我學習安於空白，雖然空白中心毫無揀選地反映接近的能量，有苦有樂，但我總算是可以控制自己雙腳移動的方向，有些時候，甚至還要主動投靠。每當工作產值不佳、內心萎靡的時候，我就去圖書館閱覽室借根部中心，成排成列埋首苦讀的準考生們，簡直是湖中女神，除了大把的壓力推進動力可以吃到飽，還一併附贈激昂的思維火花，與破釜沉舟的意志力。

經歷過幾次有借有還的體驗之後，我反而明白，空白中心能補滿能量來用固然是好，但是回家的路上，慢慢把借來的能量一點一滴還回去，原來才叫非常之好。別人的動能再怎麼好用，都比不上癱軟的真面目來得適合我，令我安適自在。我如今真心慶幸，這世上並沒有能量黑市，我沒能因為一時衝動，誤植什麼中心進去，現在這樣的能量分布，原來就是最好的，最配我，沒有任何加裝的需要。

宇宙，不好意思，我要撤單，對於您一直以來仁慈的傾聽，與多數時候的毫無回應，我衷心感謝。

我敬畏情緒中心有定義的人

羅品喆
導演
生產者

　　我敬畏情緒中心有定義的人，因為我不懂他們是怎樣活下來的。我的情緒中心沒有定義，這讓我從小就不懂有情緒是什麼意思。這不太是問題，我照著我媽的說法活著，反正就是個台語說的：「沒血沒眼淚的花枝烏賊」，就這樣被冷淡地對待長大。謝謝他們的洞見，當我單獨一人活著時，世界是如此地平和完美。

　　比較困難的是跟情緒有定義的人相處，因為，我真的不懂他們的情緒是什麼？怎麼來的？發生什麼事？如何可以避免？我曾經因為無法理解我爸爸的情緒，而險險被他打死。之後，我花很大的力氣在觀察。關於情緒，我一直在學習。

　　情緒有顏色的人對於情緒中心空白的我來說，可以說是「伴君如伴虎」，很恐怖。雖然也有快樂的時候，但我無法長期待在情緒有定義的人身邊，我會覺得非常勞累，很像是一口吃下整罐辣椒醬的感覺。因為我可以感覺到情緒，也會受影響，但不知道那是什麼，就算理解那是什麼，也不代表我能處理別人的情緒。很慘的是，通常我跟情緒飽滿的人吵架，都只是在反映他的情緒，我不是我，我只是個讓別人可以吵得起來的對象，而吵架不曾解決過什麼問題。可能吵過了，那人的情緒得到抒發，爽到了他，對我一點都沒意義，因為我沒

有改變。如果我退讓了，大多是因為我感受到他的情緒，也理解他為情緒所苦，所以就放過彼此吧，而解決了問題。簡單的解釋就是，情緒勒索對我而言很有效，可以有效一次，然後我終生會躲著這個人。

我很逃避與人互動，因為人的情緒狀態不成熟。但這樣的觀察很適合用在引導表演，即使是素人，我都知道他的情緒到哪了，可以怎樣到我要他到的地方，然後鏡頭可以記錄，我們可以擁有一個好的表演，因為演員身心是一致的，跟劇情一致。

很多人喜歡圍在我身邊，我很容易讓大家開心，很能夠逗樂大家，但很抱歉，很多時候，那是一種技術。這讓事情更糟糕，有些人會以為我喜歡這樣。我沒有不喜歡快樂，但我不是個神經病或是花癡，一個二十四小時快樂的人，也是一種情緒障礙吧？所以，如果你不常能夠見到我，那是有道理的，因為我害羞，而且，害羞是另一種理性的技術。

我不是壞人，請不用在日常生活中躲著我，我躲你就好。因為，我認為即使是快樂，也不用天天追求快樂，快樂不過是情緒的一種。情緒像雲，而我享受情緒與情緒之間的平和，就像是我享受雲朵與雲朵之間的藍天，藍天沒有界線，藍天可以永遠。

看不到自己價值的
空白意志力中心

Miranda Wu
金融保險業
生產者

　　學習人類圖後，我才知道我的人生被自己空白的意志力中心折磨得有多厲害。記得有一次，我站在台上訴說著自己想要成為更好的人，我想當爸媽的乖女兒、公婆的好媳婦、家庭裡的好太太好媽媽，但我覺得好累好累，我一直努力想做得更好，期望自己能完美呈現人生中每個角色，但這真的很難，有時候不同角色之間也會有所衝突，努力想當迎合別人的期望之下，長期下來我都快忘記自己是誰了。

　　現實生活中我身在每個角色裡，當有人告訴我，我做得已經夠好了，我會以為他們只是在說客氣話，而有時候是我再怎麼努力、做得再好還是無法滿足對方的期望。學習人類圖後，不是將它當成一門科學知識，而是常常在諸多生活情境中，不經意的情況下，忽然懂了，我的人生常因為意志力中心空白而受苦，所以我最大的領悟也往往來自於此，我終於知道原來是我的空白意志力中心讓我那麼辛苦，而我的功課就是放下證明自己，我要學習不需要證明自己的價值，不需要承諾。

在諸多生活功課與角色扮演中，以我跟先生的關係最激烈。生活中大大小小的事情，包括兩個人的生活習慣、家事的分配，因為他的意志力中心是有定義的，我總能感受到他對於自己為家庭做的所有事情的自信和肯定。而我，不管做了什麼，我會覺得這本來就是應該為家庭與小孩做的，沒什麼好拿出來說的。所以在吵架的時候，每當先生說自己多辛苦、做了什麼付出，我卻常常只是腦袋空白，什麼都說不出來，最後覺得自己在家庭的價值感幾近於零，即使這麼辛苦生出兩個小孩，我都覺得這好像是應該的，我完全看不到自己的價值。

學習人類圖知道自己的設計之後，生活上的體驗是更重要的，因為真實的人生不可能如意順心，有時候心情低到谷底時，還是會覺得自己沒用，可是現在跟以前最大的不同是，現在當我察覺到腦袋又開始折磨自己時，我也同時能意識到那是我的空白意志力中心又在做怪。現在很重要的關鍵是有了覺察的能力，當覺得自己沒有價值時，我會先停止責怪自己，檢討是因為真的做得不好，還是我又看輕自己才會感覺沒有存在感與價值感。

一旦能覺察到空白意志力的非自己，至少可以知道當下心裡為什麼難受，然後再與自己對話。這樣在生活上慢慢體驗，雖然總是會有折磨自己意志到心臟無力的程度，但至少是在緩慢進步，而不會一直深陷其中，對我來說這真是很棒的醒覺！

我的空白意志力中心— 自卑男孩的破繭重生

Samp Wan
資訊安全資深技術顧問
生產者

　　在人類圖的世界，意志力中心的議題是探討自信心、自我認同與愛自己，而意志力中心空白的非自己則患了一種被稱為「我不夠好」的病，我就是其中一個病人，而且曾經病得不輕……

　　我從來都不覺得自己帥，即使被警衛阿伯或是菜市場阿婆叫一聲帥哥，我也覺得那是他們在日行一善。在我的心中，滿臉痘痘是我的特徵，駝背低頭看地板是我的招牌動作，上課坐在最後面是我一貫的行為，看到喜歡的女生也只可遠觀而不可親近焉。最常安慰自己的方式就是說自己很低調，不喜歡他人的注意，殊不知那就是一種我不夠好的症狀發作，這也就是意志力中心空白非自己會發生的情況。

　　我的人生總是不斷的體驗著我不夠好的非自己，我還記得我二技推甄時，我明明是成績第一、操行第一、社團活動成績第一的資優生，最後竟然選擇留在原來的學校，不願意離開舒適圈，原因是我認定自己還不夠好，不像某些畢業的學長姊那麼優秀，也不覺得自己有

機會可以上，所以寧可放棄大好機會，選擇對自己最有利的賭注，後來想想，這其實也些許是我不夠好的病所發作的結果。

出了社會，我也總是當個聽話的員工，從網路上或朋友口中聽到其他公司新的機會，我都因為我不夠好的病持續發作，想改變卻不願意改變，不願意改變卻不斷地想改變……因緣際會之下，我接觸到人類圖，人類圖的知識很多，最不可思議的就是讓我清楚認清自己，了解自己不需要迎合別人，我就是我自己，看清楚自己其實是一台藍寶堅尼，只是現在被灰灰的灰塵包覆，厚厚的水泥困住。了解自己真的不容易，接受自己更不容易，要改變自己才是最大最大的不容易。

上完人類圖隔一週，我有一個新的外商公司面試，一個跟以往完全不同的環境，我還記得面試時，老闆問我「你有什麼理由要我錄取你？」我從來沒想過我會回他「我是一個很優秀、很認真、很負責的人，我不只是要來上班，我是要來發揮自己的專業，做一個更好的自己。」也因此，我從不可能到了可能，我從一個本土產業黑手到現在成為年收入不錯的顧問。

如果你問我，接觸人類圖對我而言，最大的收穫是什麼，我一定會毫不猶豫的說，它讓我截然一新、開始愛自己、開始接受這個就是我，也讓我破繭重生。一個人去制約的時間需要七年，但是，現在不做，永遠都不知道七年後你會變成什麼樣的自己。我的重生就像是毛毛蟲蛻變的過程，不能說現在已經是蝴蝶，但我持續讓自己發光發熱，成為那最美的蝴蝶。

第四章

內在權威

── 住在你心裡的領航員

「回到內在權威與策略」是人類圖送給每個人的通關密語，就像一把深藏在你體內的鑰匙，讓你能活出自己，享受不費力的人生。

關於內在權威，
大家最常有的疑問是……

☉ 每次看人類圖氣象報告，最後一句都是「回到你的內在權威與策略」，這真的那麼重要嗎？為什麼呢？

⊕ 我已經從前一章知道我的類型，要怎麼結合類型的策略和內在權威，在生活中運用呢？

☽ 如何在生活中落實、實踐我的內在權威與策略？

⑰ 內在權威是你的領航員

類型	人生角色	定義
投射者	4/6	一分人
內在權威	策略	非自己主題
情緒中心	等待被邀請	苦澀
輪迴交叉		
Right Angle Cross of Tension (38/39 | 48/21)		

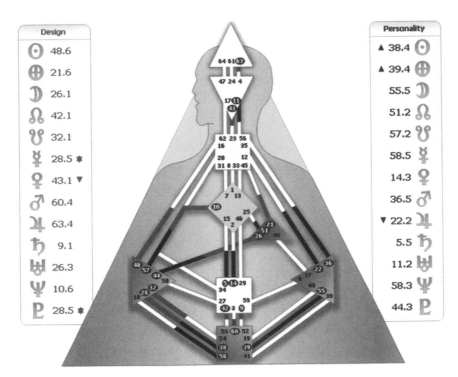

在你的人類圖中，會列出你個人的內在權威，接下來我們會說明每種內在權威的運作模式。

內在權威是你的
人生通關密語

在人生這趟探險之旅中，內在權威是你的鑰匙與羅盤

　　剛剛接觸人類圖的人，最常聽到一句話：回到你的內在權威與策略。這句話簡直像阿里巴巴冒險故事裡的通關密語，喊了它，原本緊密的神秘大門就此開啟，你宛如踏入充滿寶藏與喜悅的探險之旅，是的，這的確是一場探險，而這一次，你將找到你自己。

　　內在權威是一把極重要的鑰匙，每個人都有屬於自己的內在權威，這是可依循並信賴的關鍵，協助你做出正確的決定。可惜絕大多數的人，空有開啟神秘之門的鑰匙，卻不懂得怎麼使用它。很多人剛開始接觸人類圖，常以為人類圖是準確的人格分析工具，其實這門知識體系真正的關鍵在於：協助每個人做決定。而所謂正確的決定，需要運用每個人的「策略」加上「內在權威」，當你回歸自己的內在權威與策略，就能做出正確的決定，活出你自己。

　　回到你的內在權威與策略來做決定，就能活出自己的天賦才華。若是盲目順應社會的主流價值，不斷完成他人的期待，勉強自己模仿別人，甚至複製別人的成功人生，不僅容易失敗，而且就算費盡力氣成功了，也不會真正快樂，就算全世界的人都羨慕你，你自己卻很清楚，內心深處總會有一種「這好像不是屬於我的人生」的焦躁、無力與挫敗感，並沒有完整而圓滿的感受。

做決定，是影響我們一生的關鍵

從小到大，每一個人，幾乎每一刻都在做決定，「要上鋼琴課？或者跟同學打排球」「大學要念什麼科系？我對什麼有興趣？」出了社會後，煩惱著「要找什麼工作？該不該進這間公司？」「該創業嗎？」「該離職嗎？」接著開始談戀愛，「我喜歡這個人嗎？」「我們適合嗎？我愛他嗎？」「要結婚嗎？該嫁給眼前這個人嗎？」結婚之後，又開始煩惱，「要不要生小孩？」人生是一場無止盡的問與答，而當下在眼前所做的決定，就此連結接下來的機遇，所有大大小小在生命中所做的決定，像滾雪球一般，愈滾愈大，愈滾愈快，一切並不是沒有來由，都是積累下來的結果，最後，當我們的生命走到某個階段，看似再也無法逆轉了，才終於忍不住，終於停下來問自己：「我喜歡自己的人生嗎？我喜歡現在的生活嗎？」

真實的人生情境，宛如一場冒險的遊戲，當你每次走到路的雙叉口，就得做出決定，往左走？還是往右走？往前走？還是要回頭？面對各種選項，我們做了無數的選擇，每個看似微小的決定，帶領我們邁入截然不同的旅程，一段又一段的旅程，組成完整而豐富的人生。你的決定，決定了你的人生，但是，到底什麼樣的決定才正確？你又該如何做決定呢？

你知道你自己的內在權威是什麼嗎？若回到你的人類圖設計，在文字的部分，關於內在權威 (Inner Authority) 那一欄，會標明屬於你的內在權威是什麼，接下來就讓我們針對每種內在權威來說明。

內在權威可分為：

◆ 情緒中心內在權威

◆ 薦骨中心內在權威

◆ 直覺中心內在權威

◆ 意志力中心內在權威

◆ G 中心內在權威

◆ 無內在權威

◆ 月循環內在權威

情緒中心內在權威
千萬別在當下做決定

　　這個世界上近乎百分之五十的人，其內在權威為情緒中心，他們有固定的週期，位於情緒高點時，會感到興致勃勃，覺得凡事充滿希望，但是當墜落情緒低點，又莫名其妙會陷入失落與沮喪，意興闌珊什麼都提不起勁，就算同一件事情，在情緒高點與低點，也會衍生出不同的觀點，若能等待、靜觀並體驗自己的情緒，別在當下貿然做決定，才有機會能整合自己在不同時間點、不同情緒狀態下，所產生的各種角度與看法，進而做出正確的決定。

⑱情緒中心內在權威

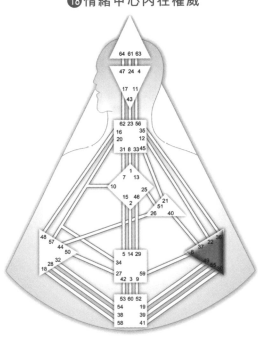

慢下來，不要衝動，這對情緒中心有顏色的人而言，其實是一大考驗。然而換個角度來看，這卻是保護自己的最佳方式，因為情緒中心有顏色的你，極容易在心情好、樂開懷的時候，覺得一切皆如此美好，以為眼前的情況不會有問題，而過度樂觀，輕易下承諾，但是過沒幾天，當情緒擺盪到另一端，又會因為心情不佳開始對一切看不順眼，懊惱自己當初沒有考慮周詳，答應得太快。情緒波如浪濤，諸多感受湧現的當頭，極容易讓人感到混淆迷惑，看不清楚真相，唯有透過等待，緩下來，慢下來，才能逐步獲得清明，你無法抵擋情緒的海浪，卻可以學習如何衝浪，學習隨著浪潮上下，站在不同的高度，看見不同角度的風景，這就是蘊藏在情緒週期裡的智慧，若你願意等待，就會成為一個圓融、體驗深刻、思慮周詳並且有深度的人。

情緒中心內在權威，相當常見，不論是顯示者、生產者、投射者，皆有可能是情緒中心內在權威。

123

➡ 若你是情緒中心內在權威的「顯示者」，別在當下輕易做決定，請完整經歷自己的情緒週期，靜待清明，確定自己不論在情緒週期的高點或低點，皆有相同的結論才能發起並「告知」周圍的人你所做的決定。

➡ 若你是情緒中心內在權威的「投射者」，請等待邀請到來，但是要不要接受這個邀請，你需要經歷自己的情緒週期，靜待清明，確定自己在情緒週期的高點或低點皆有同樣的結論。

➡ 若你是情緒中心內在權威的「生產者」（純生產者與顯示生產者），你需要完整經歷自己的情緒週期，靜待清明，確認自己不管在情緒週期的高點或低點，皆有同樣的回應，才能決定。

　　情緒中心內在權威的你，切記不要在當下做決定！不要急，你需要時間讓你看清明。

小提醒

　　情緒中心為內在權威的人，請避免在情緒的高點或低點做決定，當下的反應欠缺深度，若貿然做決定，常會帶來混亂。建議你記錄下自己的情緒起伏，觀察自己的情緒週期如何運作，下回在做決定之前，花時間等待體驗自己的情緒，等待清明到來，不要匆促做決定。

薦骨中心內在權威
哼哼哈哈是我的真實之聲？

不同於情緒中心內在權威，薦骨顯現的是你在當下的回應。薦骨為內在權威的人，透過回應的方式，讓生產者明白，自己是否想做這件事。不管你聽到的是「厚～」（語音下降）「啊！」（憤怒或驚訝）「喔！」（驚喜），每個人的薦骨所發出的聲音都不同，不同文化背景的人，薦骨的聲音也不會一樣，若薦骨沉默了，或者發出「嗯…」遲疑的聲音，這表示此刻的你並不確定，或不知道答案，建議可以換個方式詢問，或者換個時間點再問一次。

詢問薦骨問題時，切記不要自己問自己，因為如此一來，頭腦太容易介入，也會對你造成干擾，較好的做法是找個你信任的人，與對方詳述你的問題與目前的狀況，請對方透過問題來詢問你，你會發現，當薦骨發出正面的回應時，容易事半功倍，抗拒與阻力無形中減少了，一切水到渠成。

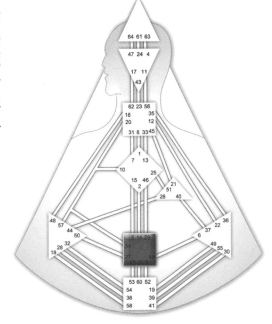

❶❾薦骨中心內在權威

直覺中心內在權威
來自直覺的提醒只會講一次

　　如果直覺是你的內在權威，請注意那不定時響起，為了保護你，確保你生存無虞，非常細微又無法預期、瞬間就會出現的提醒，那提醒可能是簡簡單單一句話、某段訊息，或是體內突然湧現的某種特定感受，來自直覺的提醒不見得有條有理有邏輯，有時候聽起來甚至荒謬奇怪並不合理，但是請別忽略，也不要壓抑它，來自直覺的聲音不會很大聲，也不會重複講個沒完，往往在當下一閃而過，不會出現第二次。

　　直覺中心內在權威的人，需要靜下來，聆聽自己的直覺，若是頭腦充滿混亂的對話，極容易淹沒直覺的聲音，要留意直覺所帶來的提醒，那是重要的訊息，能夠保護你，指引你，做出正確的決定。

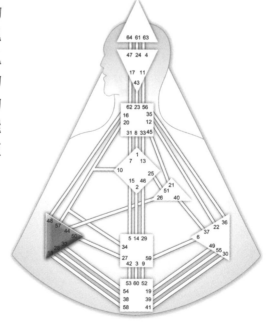

❷⓪直覺中心內在權威

126

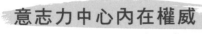

意志力中心內在權威

灌注你的意志，讓你想要的一切發生

若意志力中心是你的內在權威，代表你具備堅定的意志，是你的願力，將意念化為鋼鐵般的意志，成為強烈的驅動力，做與不做，取決於你的意志，你的承諾是動力，設定目標就能逐步履行，讓事情順利發生。

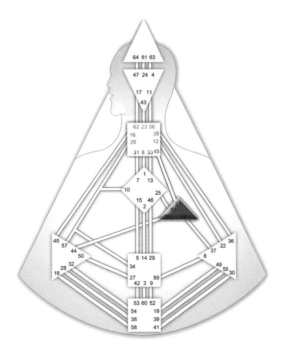

㉑意志力中心內在權威

G 中心內在權威
聽你自己怎麼說，答案就在其中

　　如果你是 G 中心內在權威，在做決定之前，可以與自己的朋友或親人聊聊，重點不是聽別人給你建議，而是聽聽自己如何講述這整件事，從頭到尾，你想怎麼做？你的感受是什麼？而你的考量或顧慮又是什麼？當你說著說著，所有的意見與看法，將逐步整合，勾勒出整體的樣貌，答案會愈說愈分明，而接下來的方向呼之欲出，聽你自己怎麼說，答案就在其中。

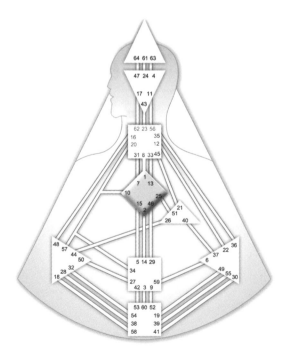

❷❷ G 中心內在權威

無內在權威
身處正確環境，再聽聽自己怎麼說！

　　所謂無內在權威，並不表示比較慘，或比較弱，這只是代表你做決定的方式，與有內在權威的類型不同。環境對你而言很重要，要處於正確而舒適的環境，你才會與對的人相遇。在決定之前請放慢腳步，在對的環境裡，與不同的朋友聊一聊，你會發現同樣一件事，在不同的朋友面前，你所敘述的版本不見得會一樣，聽聽自己怎麼說，就能聽見接下來的方向，從自己的口中說出來。

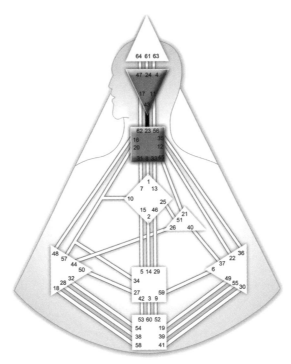

❷❸無內在權威

月循環內在權威
請等待二十八天週期，再做決定

　　反映者是月循環內在權威的設計，他們是唯一一種類型，隨順月亮的運轉而改變，而月亮以二十八天為一週期，這能讓反映者以循序漸進的方式，聆聽自己內在的覺知，這是一種非常獨特的決策方式，與世界上其他百分之九十九的人皆不同，只要你有耐心，就會發現其中的驚喜。

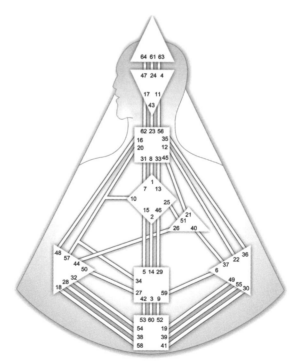

❷❹月循環內在權威

回到你的內在權威與策略，
從非自己的混亂中蛻變，翻飛重生

　　人類圖指出了一條簡單可行的道路：回到你的內在權威與策略，智慧無須外求，你是自己最好的老師，只要做出正確的決定，你就能引導自己，聆聽屬於自己的真理，從非自己的混亂中蛻變，踏上屬於你的道路，在正確的時間點，在正確的地點，遇見正確的人，做正確的事，發揮你的才能，達成你的人生使命。

　　若沒有回到內在權威，顯示者會陷入憤怒，生產者會不斷感到挫敗，投射者則是長期覺得苦澀，而反映者對整體環境感到失望，這也是在你的圖上，標示「非自己」那一欄所代表的意思。非自己的情緒不見得舒服，卻是你最好的指標，提醒你有沒有回到自己的內在權威與策略來做決定。

　　你是答案，回到內在權威與策略，你就能為自己做出正確的決定，力量無須外求，你會體驗到屬於自己的力量，而這股去制約的旅程，是你的實驗，唯有親身實驗，才能體會到自己可以活得坦然而自在，原來真實活出自己是這麼美妙的體驗。

關於內在權威

- 回到內在權威與策略,永遠是做決定的最高準則。
- 每種內在權威的運作方式都不同,這代表著每個人做決定的方式也不一樣,唯有放下比較,練習回到自己的內在權威,也學習尊重別人做決定的方式,才能創造出圓滿的關係。
- 當你陷入非自己的混亂時,只要重新開始練習回到自己的內在權威與策略,就能引導你走出迷途,逐漸回歸正軌。

Q 我很想回到自己的內在權威與策略來做決定,但是又覺得好困難,一直忍不住想質疑這一切,請問我該怎麼辦?

A:你可以先從小事開始練習,運用自己的內在權威與策略,開始在日常生活中實驗,試試看若以這樣的方式來做決定,會有什麼不同。每個人的頭腦意見很多,質疑很多,雜音也很多,我們早已習慣倚賴頭腦來做決定,要改變自己做決定的方式並不容易,唯有真實體驗過什麼是回到自己的內在權威與策略,你才會明白其中的差別。

人類圖使用者分享

回到內在權威的練習

小米
竹科工程師
生產者

　　我在竹科半導體公司當工程師，工作時間經常是在大夜班。前陣子對於一起值班的同事很看不過去，我覺得她懶惰又超級情緒化。我在工作中常有問題想找她商量時，她不是推阻就是一直抱怨，因為這樣吃過好幾次悶虧，這相處模式讓我很不舒服，持續這樣下去也不是辦法，自從學會人類圖後，我試著想在生活中運用。我知道我的內在權威是薦骨，便等待著有人能問我問題，看我內在的薦骨反應是什麼。

　　在這段時間中，當我同事又開始情緒化時，我就離開辦公室座位，進到廠房內的無塵室工作（我的情緒中心完全空白）。這樣幾次之後，助理發現我們互動有異，私底下問我是不是工作上發生了相處的問題，我當下薦骨發出肯定的聲音，便試著跟助理說明情況和自己的困境。很奇妙的是，我說著說著竟然對這位同事嫌隙釋懷，我發現她會這麼憤怒是因為她不能做自己，對於周遭一切人事物充滿憤怒，所以負面能量才這麼多，而我無須承接或負擔她的人生問題，將之當成自己的問題來生氣啊！我只要做我自己，好好工作就好了。

　　這次回到內在權威的練習，讓我了解該怎麼跟她相處，不計較但也無須逞強，適當裝笨，理直氣和、溫柔堅定的工作智慧。

處於暴風雨中心而不慌亂

Bradley
律師
生產者

　　我是最近這半年內開始接觸到人類圖。從《人類圖去制約之旅——個人的革命》作者瑪麗·安的課程中，我得知自己的情緒中心有顏色，情緒中心是我的內在權威，這意味著我不能當下做決定，需要等待或長或短一段時間，所做的決定才會是最周全的。有趣的是，當我理解這一點再回頭檢視我的工作，發現我的確是這樣在使用我的內在權威。

　　我的工作是律師，我常常覺得一個案子的結果往往在一開始便已決定。自己接下案子後是否有充足時間準備完善，會強烈影響到結果。所以在一開始我會花很多時間理解案件，跟客戶討論。而剛進入一個案件中時，我第一時間根本無法預測會贏或輸（我又不是算命的！），但是在大量文件或證據的整理中，有時會突然出現靈感，或者慢慢浮現對這案子的想法。當這靈感或想法出現時，我便會清楚知道這可能是我所能想到最好的想法。這想法不可能百分百完美，但至少是到目前為止的最大正分，對己最有利，傷害最低的結果。

　　以實際訴訟來舉例，當尚未開庭，也尚未與對手互動，一切混沌未明時，我當然不知道結果會是如何。我的「已知」是我的手上有一手牌，我可以檢視所有事件、證據、證言，在腦海中反覆沙盤推演該

怎麼打這局牌，在整體思考後，整件事情的輪廓便慢慢出現。也就是說當等候夠久的時間，我要如何進行訴訟的主軸會自然浮現，該決定哪一張當出手的第一張牌，而途中如果對手出怪招，我又如何因應等等步驟，都是沿著這條主軸發展的。

有些案件很重大，但是性質單純。也有些案子看起來很簡單，但牽涉的人事很複雜。不同的案子需要準備的時間不一樣。但只要等待一段時間，不管什麼案子都必然能大致判斷出結構與輪廓。

當然，我偶爾也會遇到無法準備充分就得上庭的狀況（苦笑），那種感覺簡直像處於暴風雨的小船上，動盪搖晃，內心非常震撼。但只要經過一段時間準備後，雖然暴風雨依然存在，可是至少在這艘小船上，我能分辨出東南西北，了解自己有哪些籌碼與條件，也會大致上知道該怎麼因應。這種時候，即使還是會緊張，但至少不慌亂，很多事情便能冷靜因應，所以外人覺得我一副老神在在、運籌帷幄的樣子，卻不知道我內在的波浪始終沒有止息。

理解自己的設計後，最大的收穫是知道原來這是自己運作的方式，而且這方法原來是自己天生具備，無須外求或辛苦學習才能獲得。特別是在看了瑪麗‧安回到內在權威這麼多年後，她可以活得那麼自在，我想這也是我理想中的狀態吧。

聽到我的內在權威，重新感受到我的身體

Katie（香港學員）
公關
投射者

　　我是投射者，我的內在權威是直覺，人生策略是等待被邀請。

　　我真的很喜歡我的直覺。它是我非常好的伙伴。我還記得上人類圖第一階課程，講到直覺中心的時候，同學問：怎樣分辨直覺的聲音？」當時，直覺中心有定義的投射者 Alex 老師回應：「直覺的聲音只會在當下出現一次，它可能是一句話、一個影像或訊息。如果它在短時間出現好幾次的話，那很可能是腦袋的聲音而不是直覺。」

　　我記得當時我還是很不確定，那個令我存活、保護我的直覺聲音到底是什麼？活了三十多年，聽腦袋的聲音已經夠多了，突然多一個直覺，且發聲契機只在一瞬間。怎麼區分呢？而且身為內在權威是直覺的投射者，假設千辛萬苦等到了邀請，我卻分不出直覺的回應是「是」或「否」，那該怎辦？（對，這就是超典型的腦袋對於自己無法理解事物的一番吵鬧，哈哈。）

　　學習人類圖快兩年了，我的直覺常常提醒我：大太陽天出門前，它會讓我眼緊盯著雨傘，要我帶著免得待會兒下驟雨時著涼；它曾經讓我憑一通電話的聲音，在香港某一個郊野公園的某處右拐彎找到了當時要尋找的人。全香港有二十多個郊野公園，當刻我腦海裡只飄來

一個特定郊野公園的影像,而在某一個路口,我突然聽到「右轉」,然後就以百發百中的漂亮姿態找到了。聽起來很神吧!就好像我們平常說的「靈感」。

有人問,那邀請來時,直覺的回應是怎樣的感受。我這個擁有64-47影像通道的投射者,體會也是影像派的。我的感覺是我的直覺是一個小精靈,她聽到邀請並說好,她會飛起來轉一圈,然後肯定地大叫「好!」否則,遇到她不想的,她要麼會裝著沒聽到或沒聽明白,或是叉著腰猛然轉身向我強烈地說「NO!」。哈哈,挺有性格的。

可能你會問,我要怎樣練才聽得到直覺呢?我的體會是──關掉腦袋。

假如你的直覺有定義,那麼你便可以信賴你直覺的聲音,直覺一直都在,時時刻刻始終保護著你,唯一最大的障礙物是腦袋。我的體驗是,腦袋通常都在它沒辦法分析的情景下不停亂叫。這個情況在我最初學習人類圖並開始實行於生活裡時特別嚴重。在我學習人類圖前的三十多年,我都是倚賴腦袋分析、做決定,當我決定要聽從身體的那一刻,腦袋立馬崩潰,當它知道權力快要被剝奪前,它不只一次奮戰,以比我直覺的聲音吵鬧一百倍的方式狂叫。

那段回歸內在權威、放下腦袋的路途真的不容易,很辛苦、充滿不確定。但再苦的時間都會過去,當那一刻,我再次聽到我的內在權威,重新感受到我的身體,感應到它細密敏銳的觸角,那是一種多麼安心的體會。因為我從此知道,我跟自己在一起,一個完整的我,無須向外訴求,邀請到來,直覺回應,這些決定就能一步一步帶領我到我人生的路途上,直覺把一段一段的路軌鋪上,方向、路軌長短它都已經知道了,而我只需安心地開著我的小火車,按照我的步調向前開,沿路靜心欣賞只專屬於我的人生風景。

願你走上屬於你的人生軌跡,以專屬於你的姿態綻放光芒。

不是沒有路，只是還未到

Kathy Szeto（香港學員）
人才發展及培訓
生產者

　　二〇一五年九月，我上了人類圖第一階課程後，知道根據我的設計，我要做決定應該讓薦骨的聲音來引領，而不是靠頭腦思索。在課堂內做了薦骨練習，同學問我：「你想換工作嗎？」我的薦骨居然回應說：「嗯。」就這樣，完成課程後，我開始找工作。幸運地，我只申請了一份工作就成功轉職，離開待了八年的舊公司。

　　面試期間，我覺得跟面試的上司好投緣，在新公司開始工作後，也覺得跟她好合拍。可是，由於公司老闆及文化問題，她後來辭職了，留下我獨自面對這公司的詭譎處境。後來，新上司上任，我開始遇上一連串前所未見的事情，我立即找前上司求救，她教我如何對應與退場，最後我終於安全地全身而退，離開了那間公司。

　　可是，這也意味著，我・沒・工・作・了！對於沒有安全感，上份工作與下份工作無縫接軌的我，這真的好可怕。我請丈夫問我的薦骨：「你害怕沒有工作嗎？」薦骨秒速搶答：「哼哼！（否定的語氣）」我的頭腦大叫：「薦骨你竟 Say No！你知不知這意味著什麼？這是沒有收入、沒有發揮、沒事可做耶！你這個薦骨可真是不知人間疾苦！」這時候我開始懷疑，為什麼我第一次聽從人類圖這工具的建

議，以薦骨作出人生決定的結果如此挫折，不但去了一間鬼公司，最後還被迫沒有工作。

　　無業的第一個月，我自我安慰這沒有什麼不好呀！趁這時候不再超時加班，可以靜靜地溫習人類圖，也可以大看特看平日沒時間看的書。那時候，我真的很用功，每天可以看人類圖的書十小時以上而樂此不疲。但到第二個月，頭腦的負面想法洶湧而來，香港的經濟市況真的差成這樣嗎？我的履歷表有問題嗎？我比其他求職人差嗎？怎麼兩個月過去了，連一個面試機會都沒有？直到七月二十三日下午，前上司找我，問我有沒有興趣去她的新公司幫她，單只是看著她的訊息，我的薦骨已經「嗯哼」地 Say Yes 了！而我的腦袋冷靜地想：「工作內容還不知道，要先問清楚才能給前上司回應。」但事情發生得好快，根本不容我多想，前一晚收到這公司人力資源部約見，次日早上十點面試，過五關斬六將見過公司主要主管後，去附近吃午餐時就收到確認電話，要我後天就去上班！

　　我真真切切體驗到，這大半年，薦骨帶我走了一段奇妙之旅。先是帶我走出工作了八年多的舒適圈，接著先讓我去一間不對的公司，為的是要遇上投緣又認得出我才能的前上司，再讓她介紹我到現在的新公司。我親身經歷了人類圖 Alex 老師說的，薦骨不是帶領我們逢凶化吉，而是引領我們人生每一步都走在正確的道路上。有時薦骨看似帶我們走到錯誤的地方，其實不是沒有路，只是還未到！

第五章

十二種人生角色
——你如何與外界建立關係

人生角色，揭露的是每一個人與外界互動的行為模式，你如何與別人相遇，如何發展出自己的人際網路，如何以獨特的方式來發揮自身影響力。

關於人生角色，
大家最常有的疑問是……

☉ 　人生角色是什麼意思？每個人都會有嗎？人生
　　角色會隨著時間而改變嗎？

⊕ 　十二種人生角色，是類似十二星座的概念嗎？

☽ 　知道自己的人生角色，對我來說有什麼好處？
　　哪些人生角色跟我比較合？

㉕人生角色是你與外界互動的方式

類型	人生角色	定義
投射者	4/6	一分人
內在權威	策略	非自己主題
情緒中心	等待被邀請	苦澀
輪迴交叉		
Right Angle Cross of Tension (38/39 | 48/21)		

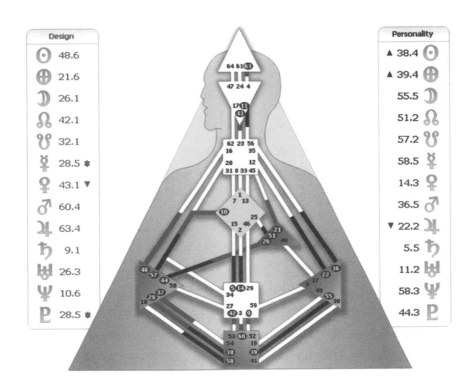

人生角色，
是你與外界互動的方式

每個人都有自己的人生角色

　　想像這個世界是個巨大的輪軸，由各式各樣的人所組成，每個人的特質與才華皆不同，各自站在不同的位置上，各司其職，作出貢獻，在這世界上活著，無人能獨立於一切之外，我們相互支持、彼此依賴，以各種有形或無形的方式串連在一起。人生這段路上，你一定會與某些人相遇，也將發展出自己的人際網絡，與外界建立連結，進而擴展自己的影響力。

　　人類圖的人生角色，揭露出每一個人與外界互動的行為模式，如果能真正了解自己，就不容易人云亦云，認為自己該模仿他人，或甚至違背本性，勉強自己以不適合的方式與人連結。

　　了解自己的人生角色之後，你會恍然大悟，不管是與家人相處，交朋友，或是在職場上向外擴展，原來只需回到自己的內在權威與策略，回歸自己的角色，不必偽裝，也無須自責，我們各自站在不同的位置，隨順宇宙輪軸運轉，彼此支持，相互映照，有其條理也有其秩序。你不必模仿別人，只要單純回歸自己的本質，一定能與正確的人相遇，而對的關係將形成綿密而正向的人際網絡，將你環繞，順流暢行。

人生角色 1/3 的人
人生是一場打怪的通關之旅

他們喜愛研究，渴望深入探索，總是想搞清楚一切，想明白事物的本質。在別人眼中，他們不屈不撓，願意不斷嘗試，在失敗與碰撞中堅持著，同時也具備強大的適應能力，堅信凡事一定要自己親身去經歷，才能在跌倒與犯錯之中，找到行得通的解決之道。

他們以為自己想活得平穩安定，人生經歷卻精采無比，像是人生闖關遊戲中的主人翁，沿路不停打怪，出乎預料獲得各種寶物，有時看似陣亡，一轉眼他們已經準備好捲土重來，對 1/3 人來說，挫折跌跤真的不算什麼，那不過是他們升級配備的潛伏期，接下來才能挑戰更難的關卡，他們是嘗試錯誤的神人，透過拚搏得到經驗值，累積珍貴的人生智慧，唯有嘗試錯誤中，才能知道什麼是對的，什麼對自己來說確實可行。

1/3 人年輕時，易被有規模的體制或系統所吸引，他們熱愛研究，而穩定的體系裡總會有許多可供學習，他們滿懷熱情，認真投入，但往往當一切上手了，或即將被拔擢至重要的職位時，也是他們決定離開的時候，別人百思不得其解，他們卻很清楚自己為什麼要這樣做。這是因為他們在累積足夠的經驗值之後，會看清體制中的諸多瑕疵，察覺到這並不是自己一開始想要的。放棄之後又轉向另一個巨大的體系或機構，再一次試圖找出完美運作的原型，然後又再次失望，離開，接著再投入，四十歲之前的人生，充滿著諸如此類的投入與抽離，直到四十歲左右才會有所領悟：「既然沒有任何體系是完美的，我何不來創立自己理想中的體系呢？」於是他們開始整合並融合過往

經驗，而過去行得通或行不通的經歷，都是很好的學習。他們看似跌跌撞撞的人生，其實累積了豐富的經驗，而他們的學習與適應能力極強，一旦獨當一面，也很快能釐清現實狀況，有彈性也有能力能做出調整。也因此，1/3 人往往能在這嘗試錯誤的過程中成長茁壯，建立屬於自己的體系或架構。

他們不喜歡太黏膩的關係，對他們而言行得通的關係，必須在連結與斷裂之中取得平衡點，他們在嘗試錯誤中，找尋適合自己的對象，這些皆是必要的學習過程，唯有和不對的人說再見，才有機會遇到下一個對的人。

人生角色 1/4 的人
他們是最專業的好朋友

1/4 人天生喜歡研究，他們懂得愈多，在知識體系的基礎愈穩固，內心愈踏實也愈有安全感。他們也容易給人友善親切的感覺，非常容易建立自己的人際網絡。他們是每個人溫暖的好朋友，他們願意為朋友付出，可以盡心盡力不求回報，1/4 人或許認為自己孤僻內向，但事實上，他們周遭環繞著一群情義相挺的好朋友。

1/4 人喜愛研究，也熱愛與親朋好友分享他們的研究心得，這樣的方式看似尋常，卻能在無形之中散發出巨大的影響力，口耳相傳是最好的傳播方式，人脈是 1/4 人此生最棒的資產，正確的朋友與人際網絡，總會為他們帶來機會，而這些機會蘊藏著各種向外擴張的可能性，也會帶來滋養與支持。相反地，錯誤的人際圈只會讓 1/4 人耗盡精力，若處於錯誤的人際網絡之中，長期下來會讓他們疲憊不堪。

當 1/4 人面對欺騙、背叛或關係斷裂時，不只傷心也難以承受，往後要與他們重修舊好的可能性低。加上大部分的人以為 1/4 人很親切，很好相處，導致往來時容易踰矩，或忘了體貼他們的處境，以為雙方關係熟絡，交情夠，1/4 人應該不介意，其實並不然。在 1/4 人狀態好的時候，這些都是小問題，但是當他們累的時候，（順帶一提，他們身體容易疲累）就會從好朋友的狀態中抽離，變得刻薄而疏離，這時候他們需要時間獨處，才能重新回歸內在的平衡。

人生角色 2/4 的人
既害羞又大膽的天生好手

2/4 人需要獨處，他們是隱者，喜歡宅在家裡，又往往是某個領域的天生好手。他們所擅長的天賦，往往是與生俱來的才華，2/4 人無法解釋自己如何做到，為什麼能做到，他們就是做到了。由於他們與 1/4 人深入研究的學習過程大不相同，因此內心難免會湧現一股不確定之感，甚至會懷疑自己「真的可以嗎？」「我是怎麼做到的？下次也行嗎？」2/4 人要明白，天生好手就是天生好手，不必找自己麻煩，也不必跟誰解釋，何不坦然接受老天爺送給你的才華，好好發揮，讓自己發光發亮。

2/4 人總以為自己很害羞，不習慣展現自己，但是在朋友面前，又容易展現大膽活潑的那一面，眾人總愛投射許多想法在他們身上，接下來就會寄予厚望，而他們卻不見得能看到自己的才能，要如何不負眾望，反倒讓他們覺得很困擾，只想躲起來獨處，從大膽又擺盪回害羞那一邊。

日漸成熟的 2/4 人，會愈來愈懂得如何自處，害羞與大膽兼具，既享受隱居又擁有活躍的社交生活，他們在工作職場上可以非常忙碌、行程繁多、展現所長，同時基於內在對獨處的需求，他們的住所往往遠離塵囂，安靜又隱密。家，對他們來說宛如隱居之所，是從頻繁人際關係中抽離，得以修復歇息的避難所。所以他們喜歡以最舒服的方式布置居家環境，為自己打造不受打擾的城堡，在生活中取得內在的平衡。

2/4 人喜歡躲在自己的小天地裡獨處，做自己真心喜歡的事情，也喜歡與對的朋友來往，對他們來說，正確的人際網絡會帶來正確的召喚，當天時地利人和，因緣俱足之際，對的人會召喚他們出來，這時 2/4 人就能克服內在的羞怯，一上場即豔驚四座，光芒顯現。

人生角色 2/5 的人
隱居在孤島上的奇人異士

2/5 人感覺很神祕，即便是朋友，2/5 人也很少與誰黏在一起，他們喜歡獨處，喜歡宅在家中做自己喜歡的事情。但由於天賦異稟，很多事情一摸就會，每當眾人有狀況需要解決時，就會召喚他們出面解決，而這看似孤僻愛獨處的 2/5 人，此時就會華麗現身，與人連結。2/5 人宛如一座孤島，在繁華紅塵裡隨意漂流，他們大隱隱於市，島上看似雲霧繚繞，外人只覺雲深不知處，島上有高人，因此對 2/5 人抱有巨大的期待與期盼。若 2/5 人接受正確召喚，便能為眾人提供實際的解決方案。

矛盾的是，2/5 人真心喜歡做的事，與眾人對他們的期待不見得相符。在別人眼中，他們厲害之處可能是企業經營分析，但他們真正自豪的卻是自己養花蒔草的本事，這也是 2/5 人一生中持續會碰到的衝突。再加上，他們有強烈獨處的需求，若家人或另一半不尊重他們，要求他們從事自己不喜歡的事情（即使他們可能很擅長），或希望時時刻刻都要黏在一起，2/5 人極可能會愈活愈隱密，減少與外界接觸。

　　在此對 2/5 人的提醒是，別人很難不對你懷抱期待，若感到壓力，請尊重自己獨處的需求，你只需儲備能量，為正確的召喚做好準備，下次再出手提供實際的解決方案。

人生角色 3/5 的人
不斷翻滾，找到解決之道

　　3/5 人是活在綿羊群裡的黑羊，黑羊與眾不同，黑羊就是不一樣，他們無法按步就班，也無法遵照傳統作法依樣畫葫蘆，他們想做一些不一樣的事，為什麼不？不試怎麼知道？一試不試再不成，再試一下，也因為如此，他們很容易成為群體中的異議分子，顯得意見很多或老是愛放炮，他們會乾脆從體制裡出走，甚至被驅逐出境，這也包含了建立人際關係，沒多久又面臨斷裂，可以重修舊好，接著可能又會無疾而終，反反覆覆，這是 3/5 人的方式，分久必合，合久必分，沒有好壞對錯，這只是他們的方式，如此而已。

　　彷彿是 3/5 人的宿命，他們一生下來就是家中最特別的孩子，是家族裡寄予重望的那一個，而在成長的過程中，周圍的長輩總會耳提

面命，諄諄教誨，期待他們一生順遂，最好不要犯錯跌跤。但是 3/5 人偏偏得自己去嘗試，就算是錯誤，也要自己跌得滿頭包，才肯確定前方真的沒有路。也因為如此，3/5 人常常會覺得自己是不是辜負了家人的期待，也不明白為什麼偏偏要選一條難走的路來走。他們長大之後會選擇離家，或靠一己之力闖出一片天，但當家人需要他們的時候，他們又會立即奔回家，扮演解決問題的重要角色。

這是 3/5 人的過程，也是他們成長的歷程，總愛多方嘗試，總想將所有能試的方法與路徑都走過，喜歡變化，喜歡刺激，無法忍受一成不變的工作內容，也具備優越的整合能力，累積各種不同的經驗值的他們，具備舊瓶裝新酒的能力，從中延展出全新的思維與做法，創造出嶄新的解決方案。而在這過程中所經歷的種種挫折、失敗、辜負眾人期待，甚至被人嫌惡，都是難能可貴的磨練，這段旅程看似艱辛，卻也成就了豐富有趣的人生，他們以顛覆的行為帶來創新，發揮巨大的影響力。

人生角色 3/6 的人
需要獨立空間，歷練豐富的人生智者

3/6 人由年輕步向成熟的過程，累積了各方面的豐富資歷，他們在起起落落與顛簸碰撞之中，深刻體會人生，這條多方嘗試的跳躍軌道，看似毫無章法，但他們就是能從中找到事物運行的脈絡。當他們經歷一切，就能以成熟的姿態，綜合嘗試錯誤的早年經驗，加入看似客觀其實抽離的觀點，以超然的角度切入，給予前來尋求建議的人，深具智慧的建言，指出應當前進的大方向與架構，宛如站在制高點的智者，寥寥數語便能點醒別人，將人從現實泥沼中拉出來。

3/6 人敏感、挑剔又要求完美，他們尋尋覓覓此生的靈魂伴侶，要找到靈魂伴侶已經這麼不容易，一旦找到了，他們又發現自己依然渴望擁有自我，黏膩的親密關係，反而會毀掉他們對愛情的渴望。換句話說，他們需要保有自己的空間與時間，這並不代表他們不愛你，他們只是更需要獨處的空間，擁有自身的自由。

獨處對他們來說很重要，這是自我省思，從中汲取智慧的關鍵時期，這樣的需求需要被尊重，當他們需要抽離，只須靜待他們歸來即可，過於黏膩或控制欲太強的另一半，只會引發他們更強力反彈，讓關係徹底斷裂。

人生角色 4/6 的人
站在高處鳥瞰，總能對整體做出客觀評斷的人

4/6 人在十二種人生角色中，視野最客觀，總能以鳥瞰的角度來評估整體狀態，他們親切又平和，以客觀角度分析各種面向，他們是那種對人最有益，也可能是最令人討厭的朋友，當你滿懷困惑又充滿情緒時，他們總能為你提供各種角度、不同層次、各個面向的詳盡分析，聽來冷靜客觀又深具智慧；而令人討厭之處也來自於那極度的客觀，他們不會哄你，也不會一面倒安慰你，他們不會只站在你的觀點跟你一起同仇敵愾，他們愈是分析得井井有條，聽起來愈是事不關己，而綜觀全局的評斷，聽來像是隔岸觀火，既抽離又漠不關心。

請相信這就是 4/6 人表達善意的方式，若要客觀，適當抽離是必要的，他們希望你看得更清楚，而這就是他們對朋友展現關懷的方式。

4/6 人的最高指導原則是信任，信任一切自有其安排，他們溫暖又有智慧，站在制高點，為朋友們指出一條清晰之路。年輕時會結識各種朋友，人面很廣，也可能會嘗試各種工作與職位，人面廣，也認識很多人，開始建立人際網絡，他們會結識對的朋友，建立長遠的友誼，也難免會遭遇挫折與失敗，對人性感到失望。他們在三十歲後會逐漸變得抽離，迎面而來的是一段沉澱期，讓他們可以重新思考並重整過去所建立的人際網絡。五十歲之後，他們的人生將進入真正成熟的階段，重新融入世界，成為眾人的典範，在充滿制約的世界裡，活出自己的獨特性。

人生角色 4/1 的人
深入扎根，建立平台

4/1 的人懂得怎麼交朋友，這對他們來說彷彿內建機制。而周遭的人與他們的互動關係，往往建立在某個領域的知識或專業的供需上。舉例，他們可能是態度友善的學者，透過自身所研究的專業領域，與外界建立關係，這可能是一門艱澀的知識，也可以是烹飪或裁縫，只要能讓 4/1 人深深著迷並沉浸其中，他們很快就會成為專業領域的權威人士，一旦他們發展出穩定牢靠的體系，便能透過與人分享，發揮其影響力。

4/1 人就像一棵大橡樹，他們的研究工夫愈是札實，就像大樹向下紮根，根紮得愈深愈穩固，向上的枝葉也會愈來愈茂密，最終必然會開花結果，吸引各式各樣的人，在大樹下棲息與交流。換句話說，4/1 人是以知識為根柢，以親切友善的態度，經營並發展社群。他們

此生的角色，是關於深入研究某項知識或技能，進而提供相關平台，供大家交流與學習。

他們的穩定度高，也像火車行走在鐵軌上，有其固定的軌跡，他們按部就班，隨順人生軌道向前行，現在是過往的延伸，而未來則是現在的延伸，一切皆有其鋪陳與關聯性。他們可以友善，但是天生的個性剛硬又固定，這也意味著他們缺乏彈性，剛直而穩固的同時，底層也隱藏著碎裂的可能性，若有一天無法承受就會碎裂，一旦碎裂之後，極難復原。換句話說，適應並非他們的強項，但深入研究，建造穩固的根基，其力道之強卻無人能比。提醒 4/1 人，回到內在權威與策略，你一定會找到自己真心喜歡，渴望深入鑽研的領域，無須理會來自外界的拉扯與雜音，請投注時間與心力，筆直往目標邁進吧。

人生角色 5/1 的人
一出手，問題就解決的大將軍

5/1 人是將軍，當他們現身，必定是有狀況發生，而他們是來解決問題的人。若是西線無戰事，天下太平，他們需要獨處，好好專研兵書，深入研究直到專精透徹，養兵千日用在一時，當眾人請他們出面解決難題時，他們可是解決問題的能人，一出手便知有沒有，勝負當下立見。而這也道出 5/1 人最重要的課題，他們必須要有實力，要能提出實際的解決方案，唯有滿足眾人期待，將事情圓滿解決，才有機會聲名遠播，生出更強大的影響力，影響更多人。

將 5/1 人形容成將軍，除了他們擅長解決問題，也是因為他們天生帶有神祕感，注重隱私，與朋友聊天也多半聚焦於外，他們的能量

外圍場宛如帶著一圈光環，光彩耀眼，但是住在光環裡面的那個人，到底是什麼個性？是個什麼樣的人？除非少數親近的人，否則無人看得清。也因為始終看不清，只好將各自的想像，盡情投射在 5/1 人身上，期待他們宛如救世主般降臨，解決並擺平所有難題。他們要承擔起眾人的期盼，真的很累人，但是這也為他們帶來許多好機會。

5/1 人擅長影響陌生人，而陌生人又通常是慕名而來，基於他們過往戰功彪炳，名聲響亮，才會懷抱期待提出邀約，這是絕佳的機會，若能一戰告捷，就此威名遠播，若你不幸搞砸了，壞事傳千里，名聲也會快速崩壞。如果你是 5/1 人，請不要打沒把握的仗，不必擔心自己懷才不遇，不必急，平日深入研究好好紮根，將自己準備好最重要。有朝一日，你們不僅能提供實際的解決方案，也能無遠弗界發揮自己的影響力。

人生角色 5/2 的人
總愛懷疑自己的天才

5/2 人天性害羞，習慣躲起來做自己喜歡的事情，這讓他們很自在。但是總會有人辨識出他們的才華，不斷召喚他們出來，期待他們能施展所長並解決問題，而這些問題涵蓋的範圍很廣，例如從園藝到國家政策，面對某些領域他們一做就上手，還是箇中好手，於是又引來更多人希望他們幫忙，而過於拋頭露面，又會讓害羞的 5/2 人感到矛盾，他們也不理解自己到底是怎麼一回事，就算技驚四座，還是會對自己心生懷疑，「我都不確定自己的問題該怎麼解決，為什麼你們會認為，我可以解決你們的問題啊？」這讓他們面對來自外界的投射，特別不自在。

5/2 人天生敏感又害羞，唯有接受正確的召喚，才是大展身手的時機。大量獨處對 5/2 人來說是必要的，你總要適時切斷來自外界的期待，讓自己有足夠的空間與時間得以休養，這是保護你並滋養你的絕佳方式。5/1 人透過研究，穩固根基而擁有安全感，5/2 人則是天賦異稟，卻搞不清楚自己究竟如何做到，而內在的這股不確定感，一直隱藏在內心深處，讓 5/2 人感到脆弱又不安，如何在內心取得平衡很重要，否則為了應付各種期待，又要消化自身的不確定感，會讓 5/2 人疲於奔命，最後反而選擇遁入極端的隱居生活之中。

人生角色 6/2 的人
敏感又超然的人生典範

6/2 人看事情看得很遠，很超然，他們不僅志願宏大，也具備鳥瞰全局的能力，他們不會小鼻子小眼睛，也很少拘泥在凡塵瑣事上，他們能洞悉並看透這世間事如何運作，也因此在內心深處，有遠大而高遠的理想，總覺得自己生來要做大事。

只是要做大事的道路挺漫長，在三十歲之前，他們不斷碰撞，在嘗試錯誤中翻滾，加上身體又非常敏感，注重隱私，喜歡隱居。年輕時面對來自外界的各種衝擊，常會感覺處處受挫，有種力不從心之感，而這也讓他們忍不住開始懷疑自己，到底是曲高和寡，還是眼高手低呢？

你可以說 6/2 人是樂觀主義者，但是這並不代表他們在碰撞的過程中，沒有受過傷，他們依舊願意相信，或選擇信任一切會有最好的

安排，人與人之間真正能憑據的並非制式合約，而是相互信任，他們是君子，即使面對陌生人也不例外，但是這種過於理想的性格，也讓他們在職場與商業運作上，容易受騙受挫，一而再，再而三，對人性感到失望。

在三十歲之後，他們不免會出現抽離的心態，開始認真反省並沉澱過去的種種，甚至感覺自己對許多事情，不再像年輕一般熱情投入，這會是一段沉潛期，而他們將重新沉澱、多方觀察並整理出睿智的人生經驗，在此階段他們也會吸引許多人前來詢問，渴望獲得指引。接著在五十歲之後，他們將邁入成熟期，隨著光陰與歲月的洗滌，重拾樂觀與清明，他們將傳遞自己年輕時的碰撞，與其後的省思，化為人生典範的智慧精華，為更多人帶來啟發。

6/2 人天生站在高處看人間，無法妥協，他們尋尋覓覓，不願屈就。不管是工作、感情或朋友，內心期待的是遇見伯樂、知己與靈魂伴侶，他們認為人與人之間，本就該相互敬重相互支持，若他們信任你，與你建立關係，往往長久而美好。但若有一天信任破裂了，再建立的機會也很低。

人生角色 6/3 的人
人生所經歷的一切，沒有錯誤，只有智慧的累積

6/3 人抱持著遠大的理想，在腦海中有一幅美麗的藍圖，他們對自己的期許很深，立志一生要能闖出一番大事業。但是，他們實際的生命歷程，卻是在塵世泥濘中跌跌撞撞，遭遇諸多曲折與坎坷，在不斷碰撞與打擊中，體驗著理想與現實的差距，但是不要緊，他們總是

樂觀以對：「世界並不完美，本來就是如此，所以我們可以再調整再適應，在不完美的世界中，永遠可以找出行得通的路。」

他們年輕時會歷經一段嘗試錯誤期，遭遇許多人難以想像的挫折，例如賈伯斯就是 6/3 角色的典範，他以早慧天才之姿，建立企業王國後卻被驅逐，重新創業大成功，接著又面臨其他挑戰，他們的人生在別人眼中簡直傷痕累累，宛如沉入深海中的鐵達尼號。有些 6/3 人可能會因此變得憤世嫉俗，悲觀沮喪，暫時從人際關係或職場裡抽離沉寂，但他們不會消沉太久，經常是暫時撤退，從中學習並成長，而樂觀進取愛冒險的天性，又會驅使他們投入下一次全新的體驗。

6/3 人是我們最好的人生老師，帶給眾人深刻的啟發，因為他們所經歷的這一切，不管在別人眼中看來多折騰，多顛簸，他們都能將之視為珍貴的人生經驗，以超然的角度切入，他們明白唯有從烈火中浴火重生，才能蛻變，才能從中汲取成熟的智慧。而這獨特的生命之路，是為了淬鍊出更純粹，也更圓融的靈魂本質。

他們比自己以為得更為堅強，也更強大，他們累積生命經驗值，不斷看見生命的各種可能性，最終不管是他們的人生，或他們所創造的一切，都會成為典範，讓我們窺見生命本身的巨大可能。

157

關於人生角色

- 每個人都有自己扮演起來最舒服自在的角色，這是你與這個世界和周遭人們互動的模式。
- 不同的人生角色有各自的模式，有人適合閉門研究而後解決問題，有人嘗試錯誤得到人生闖關祕訣。你的人生角色是什麼？這符合你與外界往來的方式嗎？
- 不同的人生角色都有其存在的必要性，這是每個人活出自己之後，貢獻並發揮自身影響力的最佳模式。

Q 我好羨慕別人的人生角色，可以換嗎？我該如何活出自己的人生角色？

A：不能換喔。人生角色說明了，每個人都有自己的方式與外界建立連結，理解自己的人生角色，進而接受這就是我與人互動的模式，許多人都會有恍然大悟，甚至如釋重負之感。比如說，1/3 人若能了解自己就是會在跌跌撞撞，不斷嘗試錯誤之間，研究出屬於自己的路，就不會再拿自己與 2/4 人相比，羨慕他們是天生好手，朋友滿天下。每種人生角色都有獨特之處，這就是你與外界建立關係的方式，如此而已。至於如何活出自己的人生角色，放下比較是第一步，你不必特意做些什麼，只要時時刻刻回到自己的內在權威與策略來做決定，很快地你會發現，你正以自己人生角色的方式與外界連結，自然而然一點也不費力。

小提醒

人生角色 1/3 的人—人生是一場打怪的通關之旅

人生角色 1/4 的人—他們是最專業的好朋友

人生角色 2/4 的人—既害羞又大膽的天生好手

人生角色 2/5 的人—隱居在孤島上的奇人異士

人生角色 3/5 的人—不斷翻滾，找到解決之道

人生角色 3/6 的人—需要獨立空間，歷練豐富的人生智者

人生角色 4/6 的人—站在高處鳥瞰，總能對整體做出客觀評斷
　　　　　　　　的人

人生角色 4/1 的人—深入扎根，建立平台

人生角色 5/1 的人—一出手，問題就解決的大將軍

人生角色 5/2 的人—總愛懷疑自己的天才

人生角色 6/2 的人—敏感又超然的人生典範

人生角色 6/3 的人—人生所經歷的一切，沒有錯誤，只有智慧
　　　　　　　　的累積

人類圖使用者分享

解開了我一生中的糾結

David Fung（香港學員）
培訓經理
生產者

　　大約在兩年多前，有機會接觸到人類圖，並且認識到 Joyce 老師，透過人類圖課程當中，從人類圖的角度中對人生角色的理解，有深深的體驗。

　　當我從人類圖的 Rave Chart 中，我知道自己的人生角色是 6/2 的時候，再聽到 Joyce 老師的解釋之後，心中泛起會心的微笑，因為這個人生角色完完全全反映了我這個人。

　　這個資訊，給了我很大的力量及支持，也解開了我一生中的糾結，在過去，我的人生在別人的眼中，是一個非常有能力的人，這也帶來了很多壓力，但當我了解到自己的人生角色時，我就完全明白為什麼有這個狀況出現，在人生角色的解讀，不單獲得在行為上及經歷上所得到的資訊，甚至可以反映到更細微的東西上，例如身體的一些反應，更令我譁然！

　　除了了解我自己的人生角色，透過學習其他人生角色的特點，令我更有效了解到我身邊的朋友、親人，及工作夥伴的特質，讓我能支

持他們的需要，並找到更有效的溝通模式，更有效地與他們相處。

今年已四十六歲的我，回想起我三十歲前的歲月，真的不斷從錯誤中學習，至於三十歲到現在，非常明顯的是我將過去所累積的學習，好好運用在這段期間，現在我所遇到的問題，都能從容地一一面對，因為這都是在我過往的學習中取得的經驗。很期待在五十歲後，真正體驗什麼叫人生的典範，如果能夠更早認識人類圖，我相信我的人生會更加精采，哈哈！

當我認識人類圖之後，除了對自己的人生角色有一定的了解之外，也都能理解到其他十一種人生角色，無論在工作、人際關係、家庭關係都有無比的進步及提升！這是我對人生角色特別有感覺及體驗的原因！

藉此文特別感謝人類圖進入我的生命！

讓我真實地了解我的兒子，解決了教養的困惑

Joy Chan
牙醫
生產者

我兒子小時候對於喜歡的人（即使是陌生人）非常熱情，但是對於不喜歡（我很難搞懂他喜歡的標準）的人卻非常不禮貌、不友善，甚至會當面直接翻白眼說：「我討厭你……」這樣的態度即使對親戚、朋友，或幫我很多忙的助理阿姨們都一樣，而且很難有商量的餘地，因為他會說：「可是我就真的不喜歡他們啊！」如果勸說開導他，他的反應會更激烈，甚至不想出門。

兩年前，我非常地苦惱，他已經到了讀幼稚園中班的年紀，但是他非常抗拒參與團體學習，即使是不到一個小時，人數不多的幼兒律動班，他都堅持我必須要陪著他。關於上學這件事，他的回答一律都是：「我不要去上學，除非妳可以陪我一起待在那裡。」面對這樣一個孩子，面對他即將要上學，跟上學後適應與行為表現上的問題，我真的很苦惱，即使我在工作上接受了專業扎實的「行為改變技術」訓練，來幫助孩子們克服恐懼，我也非常明白分離焦慮等等，但我自己這個固執的孩子卻讓我感到十足地挫敗，我已竭盡所能來養育他，但，為什麼這樣？我該怎麼辦？

那時，我剛接觸人類圖不久，即使明白每個人都是獨特的個體，

可是對於我兒子的很多行為表現與難以教導，還是非常困惑。很幸運地，我上了人類圖的教養課程。我兒子的人生角色是 2/4，讓我發現原來對我兒子來說，獨處很重要，他天性害羞且挑剔，退縮而保留，常常在極度害羞與異常活潑間跳接。但同時他的身體給人的感覺又非常友善，擅長社交發揮影響力，如果擁有對的關係，就會是健康的。了解了這些，我恍然，原來我兒子如實地呈現了他人類圖的設計，他在未被制約的情況下，本來的模樣就是這樣啊！！

我後來決定離開我的工作跟原本的居住地，很幸運地找到一個願意讓我在教室裡陪小孩上學，甚至陪著睡午覺的幼兒園，陪伴了一段時間後，他每天很愉快地去上學，最近還因為很多小朋友都當他是好朋友，被老師說是小小人氣王。學習上面，我只要在旁一直鼓勵他，連注音、拼音、學騎腳踏車等，他竟然都奇蹟似地在很短的時間內學會了。

不過，當媽媽的路從此一帆風順了嗎？當然不是呀！兒子由於是內在權威是情緒中心的三分人，連平常要不要出門這種事也常出爾反爾，經過一段時間才做出最後決定，這對於必須收拾準備東西及安排規畫的媽媽來說，是很惱火的挑戰。 但，人類圖很棒的是，提供了很具體的圖像以及廣泛涵蓋許多層面的知識，讓我們真真切切了解到，每個人都是那麼不同的個體，體認到不同，才能真正尊重自己尊重別人（包括小孩），一旦真心接納了這些不同的行為，關係裡的僵持和堅持都比較容易淡化，一切就會往好的方向發展。以我兒子來說，我只要好好陪伴照顧他，讓他身心健全地成為「他自己」就好了呀！我又何須杞人憂天？這樣當媽媽，真的輕鬆太多太多了，歐耶！真是太棒了！！

人生為我帶來衝擊，
我也衝撞生命

小姐非常有事
電影業
生產者

　　第一次與 Joyce 見面，她對著我說：「如果你是我的孩子，我就會幫你準備好安全帽、護膝、護腕……所有能保護你的東西，因為我知道，我無法讓你人生避開碰撞，但至少可讓你傷得輕一點……」她道出了我的生命歷程，那時我還不知道什麼是人生角色。能夠透過人類圖被認識、認識自己，讓我得到慰藉，無須活在別人的刻板印象之中，這些話語就像魔法一樣，當被理解時，其他的解釋都顯得多餘，消散在空中，療癒機制就自動啟動了……

　　之所以能走到今天，絕對不是因為我是個聰明會唸書的孩子，而是從很小時就一路跌撞，爬起；被孤立，再擦乾淚；做錯了，就學到會，直接以本身來作為生命中的實驗者，以科學的方式探索問題所在，並用實際的方式去解決它。因為碰撞所以產生連結，也因為碰撞所以受傷，總在跌跌撞撞中學習，無法與人維持長久的關係，必須分開再連結再分開。所以在理智上，極度討厭被控制，也對此非常敏感。

很多時候，我渴望遠離人群獨處，彷彿如此，我才能大口呼吸、重新歸零，我知道許多人不理解，認為這只是一種自私或者任性，最近有一個廣告是這樣講的：「我上班當員工，下班當老公，偶爾我也想當當我自己……」大概就是這種心情，我很感激人類圖告訴了我這樣的事實，不然，我可能會一直不斷的在壓抑與發瘋和愧疚感之間活著，無法長久與一個人相處而發瘋，必須離開某人而總是心存愧疚。

如同上面所說的，3/5 的人生是由大大小小的錯誤累積而成，許多人透過我的錯誤來理解自己或被理解，讓自己感到好受一點。許多人、事源源不絕來到面前，似乎是在挑戰解決問題的能力。曾經，我因為倒楣而非常的悲觀，久而久之，班機誤點沒什麼，至少行李沒掉；騎車摔車沒有什麼，至少門牙沒掉……大部分 3/5 的人應該對於收爛攤子是相當擅長的，因為同時具有應變的能力，並且找出行得通的作法，很容易在緊急狀況下，快速分析可行性，找出破綻予以刪除或校正、再精準執行。這是優點也是苦處，容易陷入「為什麼老是要我收爛攤子」的受害者情節，唯一能逃離這樣的崩潰人生，只有回到內在權威和策略，等待被詢問是否要協助救援、利用內在權威和策略回應是否要救援、對於自己作出的決定義無反顧或者徹底放手沒有愧疚，也就是，當內在權威與策略要你不要收爛攤子時，請接受這個事實，完全放下別再插手；但是同時，當你一旦決定成為救援投手，即使被誤解、被批評，絕對要相信自己在擦乾眼淚後還是有繼續往前的能力，不要後悔，也絕對不要中途放手。

人生就是用鼻青臉腫換來攻略祕笈

Hannah
文字工作者
生產者

　　我也希望能天賦異稟又與眾不同；可惜我既平凡又踏實，還容易犯錯。

　　在學習人類圖之前，我時常感受到自己的矛盾，後來才曉得原來這是人生角色 1/3 的設計，擁有一個超沒安全感、喜歡研究、渴望穩定的頭腦；卻配上一個健壯、對冒險躍躍欲試的身體，三不五時還要與熟悉的人事物斷裂關係再重新建立。面對每個刺激冒險的活動，我總會先在腦海裡沙盤推演，充滿危機意識，想像可能發生的意外，研究安全措施與應對方法；可是一旦決定參與，又總是玩得比誰都還瘋，比誰都還享受。

　　比方說到了遊樂園，看著園區裡各種刺激的遊樂器材，海盜船、雲霄飛車，我常常像個膽小鬼，在一旁觀察好幾遍，甚至上網爬文看心得、看實境影片，彷彿研究清楚「何時加速、何時俯衝和翻轉」就能得到安全感一樣。但是等到實際「登上擂台」以後，一切恐懼全拋到了九霄雲外，我變成全世界最大膽的人，只管盡情享受刺激和放聲

尖叫，那叫聲其實接近於歡呼，而且坐完一遍還會想再玩一遍。

每次出國搭飛機，我發現身邊很多 1/3 人生角色的朋友都跟我一樣，一定會看空姐空少示範如何穿救生衣和氧氣罩；但看過真人示範後還不放心，還會拿起椅背的圖文教學，再研究一遍。

而我們愈挫愈勇的性格，時常反映在真心想挑戰的事物上。例如，童年時，我的玩伴每個都會騎腳踏車，只有我獨自呆站在一旁，反覆研究大家怎麼騎，接著跨上單車、踩上踏板，摔個慘不忍睹。但一次又一次的摔車，換得一次又一次珍貴的經驗值，「原來這樣會重心不穩！」「原來那個角度行不通。」「原來車型大小跟身體大小的搭配，也有學問！」專注在挑戰的當下，我好像不在乎受了多少傷，只要不危及生命安全，儘管傷口反覆流血又乾涸，都會不死心地一再爬起，直到不知不覺中學會它。因此，也有人稱我們是最好的老師，懂得如何跟你分享過去鼻青臉腫換來的攻略祕笈！

大大小小的跌打損傷，是從小身上必有的印記，OK 繃與藥膏是 1/3 孩子的必備品，可能也經常去保健室報到。我很幸運，有個開明且欣賞我好動一面的母親，沒有因為我身上的疤痕和三不五時的碰撞，而禁止我在戶外當個快樂奔跑的野孩子，這讓我成長後不那麼害怕與世界接觸，不因此禁錮想挑戰和冒險的心，才有可能體驗更多風景。

看起來，「愛研究的頭腦」配上「愛冒險又容易犯錯的身體」，並不那麼糟糕或討厭，衝突感也能轉化為很好的合作關係。因為每當犯錯後，就能從中研究出錯的原因與脈絡，防範下一次再犯錯。認識人類圖又更明白，失不失敗，好像沒那麼重要了，而是從中學到了什麼。

尋找知音的靈魂

Momo
金融業
生產者

　　以前我內心一直有個疑問。我的朋友很多，自己也覺得人緣算好，朋友有事常會來諮詢我的意見。但奇怪的是，吃喝玩樂的娛樂很少找我，我好像無法跟別人打成一片或融入團體嘻嘻哈哈。後來我學了人類圖，知道原來人生角色 4/6 的人儘管人面廣，朋友多，但因為客觀又抽離，別人看到的 4/6 人是有距離的。這解開了我內心的疑惑，記得我曾問過朋友，朋友非常驚訝地說，因為她們覺得我喜歡的事物跟這些吃喝玩樂不同，以為我應該會「不屑」於參加！她們甚至覺得來邀我去參加這些事情好像有點冒犯我，我這才知道在別人眼中，我是個待在高點的人，她們與我連結的方式是希望我提供關於某些事情獨特、客觀的觀點。

　　我如果沒有學人類圖一定覺得現在的自己很怪。因為我三十歲之前在事業上滿衝的，職業上我理專的工作性質需要大量與人接觸，特別是要拿到大案子，人脈很重要，當時我興趣廣泛，經常因為不同嗜好與工作階段認識不同的人，這些我都很喜歡。可是現在的我卻沒辦法勉強去經營人脈，工作上或心態上都偏向於獨處與隱居。我現在處於人生第二階段（三十歲到五十歲），正是 4/6 待在屋頂上的階段，

我大多數時候獨自做自己喜歡的事情，遠離人群，很自在也很開心，這種心態上的隱居跟我三十歲前的人生截然不同。

不知道是否跟喜歡獨處有關，我重視精神生活。感情上也是，我會對某個人有感覺往往緣於某個電光火石的片刻，當下產生心有靈犀的神祕感覺，只要沒有這時刻出現，我很難愛上一個人，而在一起之後，即使出現社經地位或條件更好的人也無法取代。我曾遇過一個精神上非常契合的人，我們在實質生活上很少往來，一年可能只見一次面，但只要一見面便可以聊很多我無法與別人分享的心裡話。甚至我還沒說話，對方都能感受到我狀況不對。他彷彿能輕易到達我內心最柔軟的地方，我們之間不是透過生活或者言語溝通，比較像是靈魂層次的溝通，彼此都能看透彼此的狀態。這麼特別的體驗讓我知道，原來愛不見得要實質擁有，只獲得精神上的滿足也很美好。

這種神祕的感覺像是，我的靈魂漫遊了好久好久終於找到知音，也像是在沙漠中獨自行走了很久，終於遇到有人跟你分享他的水。雖然現實中我們這一生都無法在一起，但感情是彼此存在的。對我來說，精神層次的陪伴與實體生活的陪伴可以分開。但如果我不了解自己 4/6 的設計，說不定會對這件事很困惑。因為有些別的人生角色無法體會這樣的關係，也無法理解為什麼對我來說，精神層面的分享和默契那麼重要，人生在世，很多事情只可意會，而且是懂我的靈魂才可能意會得到。

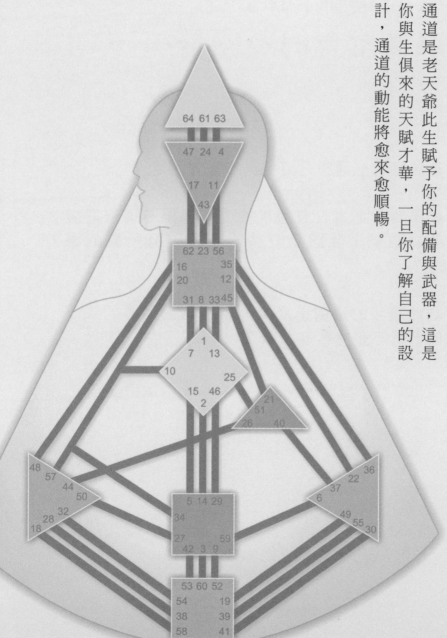

第六章

通道與閘門

你的天賦才華

計，通道的動能將愈來愈順暢。

你與生俱來的天賦才華，一旦你了解自己的設

通道是老天爺此生賦予你的配備與武器，這是

關於通道與閘門，
大家最常有的疑問是……

⊙ 為什麼有些通道是紅色，有些是黑色？

⊕ 如果我的通道只有通半條，那我擁有這條通道
的特質嗎？我該怎麼做，才能接通所有的通
道？

☽ 為什麼我的通道這麼少，真羨慕通道多的人，
他們是不是比較有才華？

㉖ 通道是你的天賦才華

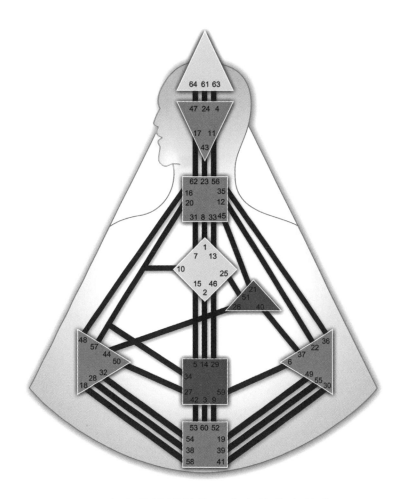

三十六條通道就像三十六條生命的動力，也是上天賦予你的最佳配備。

36 條通道，
上天賦予你活出自己的配備

你真的跟別人不一樣！

來到這一章，想必你已經發現，儘管人類圖在知識層面十分迷人，也能將每個人的獨特之處一一區分開來，但人類圖絕對不只有理論而已，每個人都能實際運用，並落實在自己的生活之中。

知道自己的類型與內在權威之後，你會明白最適合自己的決定方式，接下來要面對的挑戰，就是當你開始依循自己的內在權威與策略過生活，你的頭腦會不斷想介入，加上來自四面八方，因為不理解所產生的質疑，這些都是去制約這條路上，不可避免，需要克服的難題。

真實活出自己，如此美好，這也是人類圖所帶來的禮物，讓每個人有機會回歸本質，宛如各式各樣的花自在綻放，展現風華，而這一切的基礎，就是回到內在權威與策略，為你自己做出正確的決定。

關於能量中心與人生角色的部分，相信你也從生活中的許多實例，察覺每個人的設計原來如此不同。比如說，空白情緒中心的你，是否總想逃避衝突？試圖取悅每個人？而意志力中心空白的你，有沒有讓自己從自我質疑與自責當中，開始放下？活得愈來愈輕鬆？而人生角色那部分，有沒有解答了你長久以來的疑惑，讓你更懂得如何輕鬆又自在地過生活？

打通人生的任督二脈……

當你愈來愈了解自己的設計，就能逐步降低非自己的混亂所帶來的干擾，當你開始回歸自己的本質，你所擁有的通道才會發揮真正的力量。

通道是生命的動力。通道的兩端各有一個閘門，當兩個閘門都被啟動，這條通道就會接通。若以武功來比喻，你的內在權威與策略是心法，幫助你打通任督二脈，讓體內能量流貫全身，讓你愈來愈能意識到自己的力量。通道是老天爺賦予你的配備與武器，是你與生俱來的天賦才華，一旦任督二脈打通了，你就能盡情展現自己的力量。

若一條通道的兩端，只有一個閘門被啟動，另一個閘門沒有，這表示這條通道沒有接通。此時若有人進入你的能量場，而他的設計出現了另一端的閘門，對你們倆而言，這條通道就被接通了，這就是兩個人之間所產生的火花。同樣的，若當天的流日圖為你接通了某條通道，那麼，你可能會發現自己在某段時間裡，似乎具備了某條通道的才能，說到這裡，你會發現通道的意義，以及通道會如何相互接通，都是非常好玩有趣，也十分實用的知識。

人類圖通道的相關知識與應用，請參閱《活出你的天賦才華》一書（本事出版），書中已有詳細解說，本章便不再贅述，接下來就讓我們以簡單扼要的方式，來說明每條通道的特性。閘門則以概述來表示，歡迎你找出自己的通道／閘門，發掘自己的天賦才華。

36 條通道，36 種天賦才華！

帶來靈感，啟發的通道 1-8
身為充滿創造力之人生典範的設計

　　你總是充滿創意，特立獨行，在人群中閃露光芒。你討厭跟別人一樣，正因為你是如此獨一無二，你的存在就足以賦予別人力量，帶來靈感與啟發，讓別人也能勇敢做自己。請堅守自己的獨特性，珍惜自己就是如此與眾不同。

　　這條通道能夠將內心的信念，形諸於外，化為語言，所以說的話充滿真誠，能透過語言來引領眾人，朝未來的方向前進。

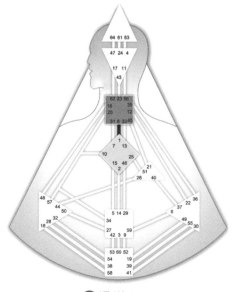

㉗通道 1-8

脈動的通道 2-14
掌管鑰匙的人的設計

　　這條通道具有龐大的感染力，擁有這條通道的人能為我們帶來突變，若能順著流走，等待生命給你的回應，信任這一切自有安排，你必能為他人指引方向。你是個天生的指路人，彷彿內建人生方向的指南針，總是能為別人指出他們該走的路。

　　你對他人的建言總能一針見血，為他們的人生方向帶來立即又直接的影響。

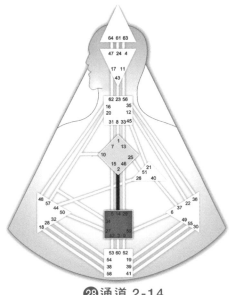

㉘通道 2-14

突變的通道 3-60
能量在呼與吸之間、脈搏的跳動間突變的設計

　　這條通道的人有一種特殊能力，可以跳脫以往框架，自既定的框桎與限制之中，找到全新的秩序。他們的人生常處於低潮、求存，接著在某一刻又突然曙光乍現，找出原本從未嘗試過的應變之道，然後又開始面對下一個限制，再來一遍。如此週而復始循環著，而不可思議的質變，就在這看來反反覆覆的週期中，發生了。雖然很難預知蛻變何時會發生，以及到底會不會發生，但是，在找出全新秩序的那一瞬間，是如此神奇，讓人驚歎不已。

　　你的內在有一股突變的驅動力，不管做任何行業都能開創新局。你總能為世界帶來新的事物。你是革命力量的媒介，為我們帶來重要的改變。

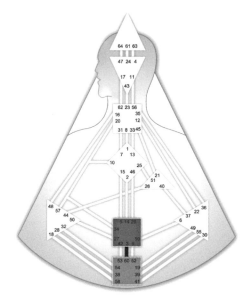

㉙ 通道 3-60

邏輯的通道 4-63
頭腦塞滿疑問與解答的設計

　　這條通道代表科學的、多疑的頭腦。腦中會不斷冒出各種疑問，持續進行反覆又反覆的邏輯辯證，無法停止運轉。藉由理性質疑，來檢視一切事物的正當性，最後歸納出足以放諸四海皆準的正確解答。請善用你那持續問答的清晰腦袋，解決與自己無關的問題，為世界帶來洞見與啟發。

　　你有一顆科學的、多疑的頭腦，總是會以理性質疑，自問自答的方式，來檢視問題的正當性，找出不合邏輯之處，為這世界與周遭的人們帶來解決之道。

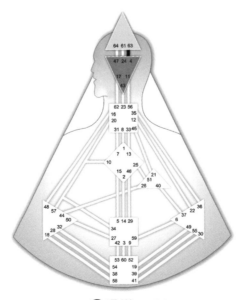

❸⓿ 通道 4-63

韻律的通道 5-15
順著流走的設計

　　你有自己獨特的韻律，可以順應環境而改變。你像磁鐵一樣吸引周遭的人，順應你的韻律而擺動。你的人生有自己的時間表，請順著你的流走，當你對自己的節奏感到自在，周圍的人也會活得很自在。

　　當你順著流走，每件事都會很順利。若你開始覺得外在混亂，那其實只是反映出你自身的混亂。別忘了你的韻律強大如洋流，周圍的人會隨著你的流動而擺盪，不快不慢，不疾不徐，交融同拍，相互流動與回應。

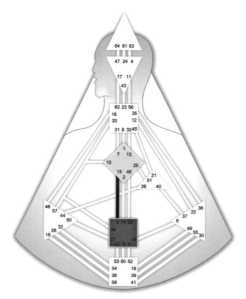

③① 通道 5-15

親密的通道 6-59
生產的設計

　　這條通道充滿生產力，代表人類旺盛的生殖能力，具有強大的能量場，能瞬間感染周遭所有人，在極短時間內讓大家卸下心防，與你親近。你的存在是為了打破人與人的藩籬，促進人與人之間互動，共同創造新的思維或作品，讓事情可以從無到有發生。

　　你具有人見人愛的魅力，別人總會驚訝為何初次相見，就彷彿跟你很親近。因為能瞬間與他人親密，就有機會能整合每個人的力量，眾志成城，讓事情順利發生。在此所謂的生產力，除了生小孩之外，也代表著源源不絕創造出新的想法與專案的能力。

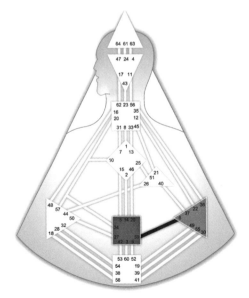

㉜ 通道 6-59

創始者的通道 7-31
領導力的設計

你是真正的領導者，因為你能洞悉未來的潮流與走向，從錯綜複雜的現況中，找出行得通的方法，並發揮廣大的影響力，帶領群眾走向未來。

這條通道所謂的領導人並不侷限於政治人物，可以是各個領域學有專精的大師或佼佼者，以其發言或研究，發揮廣大的影響力，指引眾人走出一條可行之道。

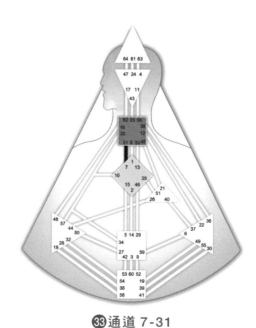

❸❸ 通道 7-31

專心的通道 9-52
專注的設計

　　這是一股來自生命底層、極為專注的力量，擅長集結眾人焦點，集思廣益，找出可以改進的地方，或創造出更好的運作模式。抗壓性強。面對壓力時反而異常沉著冷靜，當他們決心投入，精神非常集中，能專心審視所有細節，從中理出焦點。

　　你很專注，當聚焦在某件事時，你同時也能集結眾人的焦點，發現其中需要改善之處，因此能集聚眾人之力，為世界創造不同。

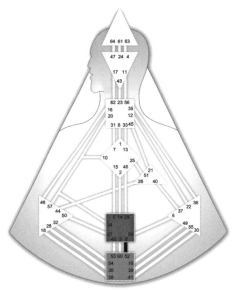

❸❹通道 9-52

覺醒的通道 10-20
承諾去追尋更高層真理的設計

　　你的人生中，最重要的課題是愛自己與接納自己，若能時時保有內在的清明與覺察力，必然能尊重自己，做自己也愛自己。

　　這條通道的特質抽象且出世，更高的覺知將透過你來呈現。關於人的本質、存在的奧義、該如何自我理解等相關課題，都會在適當的時機，藉由別人的提問，讓你有機會能完美地表達出來。這是一項充滿覺知的特質，你闡揚的是關於自我接納，以及愛自己的重要課題，這會讓人重獲力量。

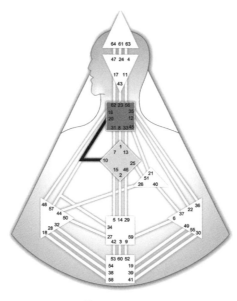

㉟通道 10-20

探索的通道 10-34
遵循你的信念去過生活的設計

　　源於對生命的愛，信任自己內在的聲音，不管這聲音在別人眼中有多麼瘋狂與不切實際，都要遵循自己所堅信的信念過生活。「雖千萬人吾往矣」，做自己真心熱愛的事，真正的力量才得以展現。

　　這條通道的人若能接納自己，愛自己，臣服於自己真正想前往的方向，必會從內湧現出無窮的力量，來抵擋外界的阻撓，走出一條屬於自己的路。關於人生，你有獨特的想法，即使別人一開始不見得認同，甚至試圖阻止你，你都要忠於自己去追尋，這並不容易，但會是一條獨特的探索之旅。

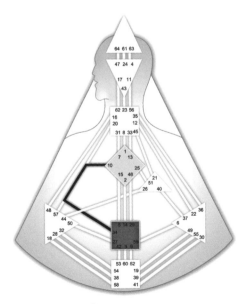

❸❻通道 10-34

完美形式的通道 10-57
求存的設計

這條通道連結人生方向與直覺中心。只要順從直覺，源於內在的喜悅，將美帶來這個世界，經由創造出美的事物，便能找到求存之道。這條通道的人藉著反覆修繕，創造出更好更完美的事物。源自於對自己的愛，他們的舉止作為都充滿美，充滿創意。

你的人生是一片畫布，主題是求存的藝術。請你順應自己的直覺，打造出最舒服的居家環境或穿著打扮，當你創造美好，你的一舉一動都是藝術的展現。

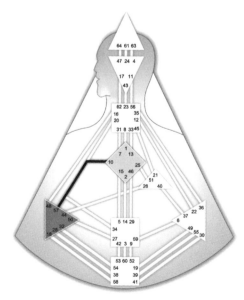

㊲通道 10-57

好奇的通道 11-56
追尋者的設計

你有強烈的好奇心，想體驗新事物，你的人生就是一段追尋的過程，過程的體驗遠比結果更重要，請放下對目標的執著，重點不是走到你預定的目標，而是盡情體會這段精采旅程，滿足好奇心也要玩得很開心，就能將自己在沿途看到的、聽到的經歷，化成精采的故事，藉著說故事的方式， 周圍的人帶來刺激與啟發，從中學習。

你擅長說故事，對於語言有絕佳的天分，總是能將人生經驗化成精采的故事，對別人帶來重要的啟發與影響。

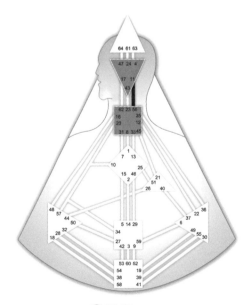

❸❽通道 11-56

開放的通道 12-22
社交的設計

你的人生要跟隨著自己的熱情與感覺向前走。你的情緒充滿感染力，總會牽動周圍人的情緒。請尊重自己內在的感覺，若感覺不對，就不要勉強自己去做。

儘管心血來潮的時候，很容易衝動做出決定，請你對自己多些耐性，學會等待，靜待自己的情緒週期上下擺盪，回歸清明之後，再做決定。不要壓抑情緒，而是學會坦然面對，並好好尊重它，與情緒的高低起伏，和平共存。

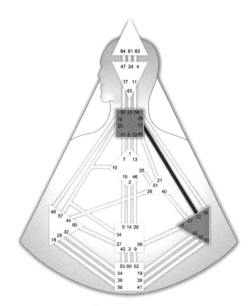

㊴通道 12-22

足智多謀的通道 13-33
見證者的設計

你擅長累積與收集經驗，能牢記在生命中所學習的種種事物，深思長考後得到獨特的智慧，就能傳遞給更多的人，目的是避免眾人重蹈覆轍，犯同樣的錯誤。

你在生命中每個階段不同的體驗，最後都能讓你對人生有更深的理解。你的感受愈深刻，就愈能輕鬆看待生命中所發生的一切，見證自己與他人的生命，記錄下所有的訊息。獨處對你來說非常重要，透過獨處，你才能好好消化並整理自己所經歷的，與聽來的事物，沉澱，從中省思，記錄並保存。

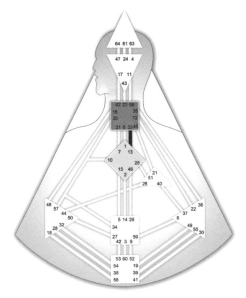

❹通道 13-33

才華的通道 16-48
才華的設計

經由反覆不停的練習、修正與學習，終於達到令人驚歎的技藝。你渴望在人生中找到可真心承諾、投入一輩子的志業，沉浸其中，反覆練習這領域中全部細節與步驟。將最平凡無奇的基本功，操練成千上萬次後，技藝會昇華為藝術，而你會從學徒變成大師。

若找到一個你願意全心投入的領域，耐心等待，反覆操練，經過歲月、精力、心血的累積，終有一天你會在這領域中成為達人。

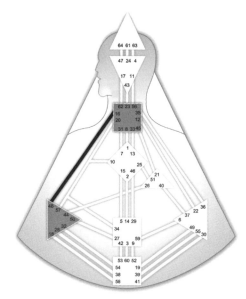

41 通道 16-48

接受的通道 17-62
成為團隊人的設計

你是天生的管理者，在企業中能了解什麼位置需要什麼樣的人才，也因此你能為未來找出合乎邏輯的運作模式，或是修改既有的運作模式，讓一切運作得更順暢。

你的邏輯清晰，能夠洞察組織裡的每個部門如何交互運作，尋遍所有相關細節與知識後，提出獨到的解決方案。你懂得如何經營，具備管理的才能。這是許多企業亟需的才華與天賦。

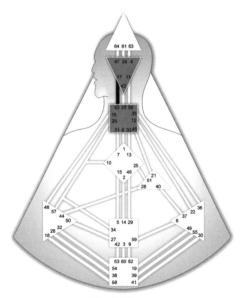

❷通道 17-62

批評的通道 18-58
不滿足的設計

　　你是個完美主義者，喜愛挑戰不合理不完美的事物，擅長評論與判斷，但請你謹記，批評是為了挑戰權威，服務群眾，改善整體大環境，而不是用來挑剔周遭的人或指責自己。否則你的人際關係很容易陷入困境。完美是一種境界，或許永遠無法存在，而批評要對事不對人，若源於對人類的愛。找出錯誤之後，這個世界就能變得更美好，這才是這條通道真正的價值與意義。

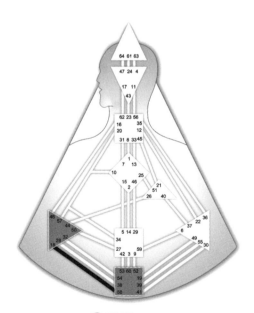

㊸通道 18-58

整合綜效的通道 19-49
敏感的設計

　　你是團體裡的分配者或仲裁者，將不同資源妥善分配給最適合的人，秉持內心所遵循的原則，滿足自己與家族的需求。

　　這條通道的人在情感上很敏感，在人際相處中會付出許多精力，重義氣，也渴望與人接觸。但是這接觸會是友善的擁抱或敵意的衝撞，則根據情緒的高低起伏而有所不同。另外，這條通道也與食物、環境、社群息息相關，與家人、親友、還有志同道合的朋友們一起相聚吃飯，就逐漸演變成彼此共享資源，維繫感情的重要方式。

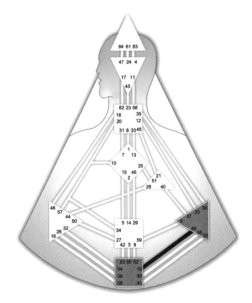

44 通道 19-49

魅力的通道 20-34
即知即行，旺盛行動力的設計

這是一股旺盛無比的生命動力，一有回應，就會立即想在下一秒化為確切的行動，即知即行的結果，讓這條通道的人根本坐不住，時時刻刻都持續忙碌著。若能從事自己真心喜愛的事情，就能在忙碌中獲得欣喜並且充滿成就感，這就是他們火力全開的絕佳狀態。

當你正確地回應生命，熱力十足的模樣很容易感染周圍的人，讓別人也同樣充滿活力。在別人眼中，當你為真心喜愛的事情而忙碌，真是充滿無限的魅力，所以這條通道才會被稱為魅力的通道。反之，若只是一昧盲目衝衝衝，只會像無頭蒼蠅般瞎忙，倉皇急促的你，並不會散發出獨特的魅力。

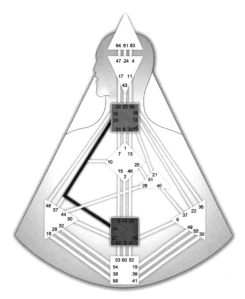

❹❺通道 20-34

腦波的通道 20-57
以覺知來滲透的設計

　　你具備靈敏準確的直覺，求存能力極強，內在會有自發性的聲音，可以快速尖銳地看到問題，直指核心，當眾人還在複雜的狀況中感到茫然，你已經看到接下來的演變與結局。

　　求存能力強，若能相信自己的直覺，就能克服對未知的恐懼、自然能適應各種環境。但是，腦波的智慧需要等待別人邀請後，才能與之分享，否則容易引發別人頑固的反抗，也不會被珍惜。

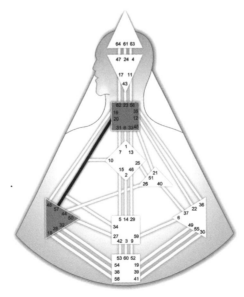

㊻ 通道 20-57

金錢線的通道 21-45
擁抱物質生活的設計

　　充滿強烈的自我意識，掌控慾強，運用意志力，在物質層面獲得成功，並享受豐盛富足的物質生活，難以被控制，無法被駕馭，這是非常入世的設計，建議你開創自己的事業，掌握領導與主控權。

　　你注定要在物質層面上翻騰，享受豐盛富足的物質生活，特別能感受物質世界的迷人威力。請注意，領導與主控權在你的手上，若想在物質生活上成功，每件事情皆要親力親為。

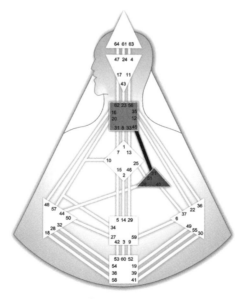

㊼通道 21-45

架構的通道 23-43
特立獨行的個體人，從天才到瘋子的設計

這條通道的人會挑戰既有的架構與模式，他們不會依循約定俗成的框架來思索，而會以顛覆的角度來思考，找出全新的洞見，思考嶄新的切入點，改變現有的遊戲規則。他們若在對的時機點提出自己的看法，就會被視為天才，反之若在錯誤的時機點，會讓人覺得他們簡直是瘋子。

新的想法與思維模式，一開始總是難以被世人所理解。即便他們所提出的意見，看似不合時宜，卻深藏潛能，可能會因而改變，並影響眾人看待事情的角度，引發突變。

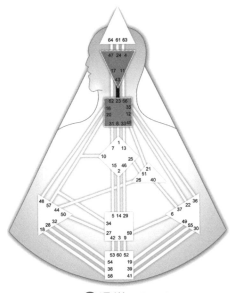

48 通道 23-43

察覺的通道 24-61
思考者的設計

你是偉大的思考者，總是不斷思考與生命有關的課題，你能啟迪眾人，引導他們開始思索關於人生的奧祕。

這條通道真正的用途，並不是用來解決自己的問題，而是以全新的方式，探索既定事物的本質，為更多人帶來啟發，你腦中的靈感與想法，宛如一閃而過的曙光，激勵更多人領悟內在的真理。

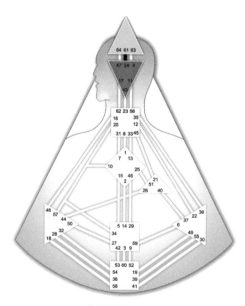

㊾通道 24-61

發起的通道 25-51
成為第一人的設計

　　人生就是一連串跳入未知的體驗，你是勇於挑戰的戰士，具有強大的競爭力，也很好勝，喜歡不斷挑戰自己，你討厭一成不變的生活，對於進入全新領域毫不遲疑，除了想獲得嶄新的體驗，你也熱愛開創新局，渴望去做別人沒做過的事，成為第一人。而你的行為，也會引發更多人，開始去體驗他們從未嘗試過的體驗。

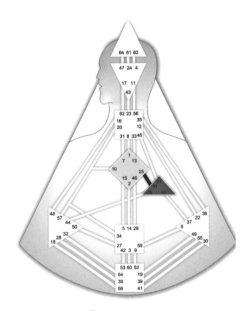

50 通道 25-51

投降的通道 26-44
傳遞訊息的設計

　　你善於傳遞訊息，懂得如何精準地將自己的理念、想法或產品，行銷給特定的對象或族群，這是本能，也是天賦。

　　渴望能以最少的付出，獲得最大的利益，讓自己的家族過更有品質的生活，除了擅長傳遞訊息，也能巧妙連結社群，操控並說服大眾購買某些特定的產品，同時又能靈活機動地隨著市場與環境的需求，調整定位，能成為非常棒的電影工作者、廣告人或業務行銷人員，若沒有運用在銷售的領域，也能成為很好的老師或訊息傳遞者。

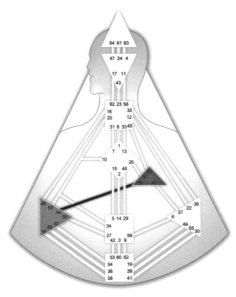

51 通道 26-44

保存的通道 27-50

監護人的設計

你是家族的監護人，也是守護者，你總是以身作則，值得託付與信任，這條通道也是關於養育下一代，引導他們養成正確的價值觀，讓許多傳統美好的價值得以傳承下去，形成一股穩定的力量。

你是一個孩子王，也是個資源提供者，你所散發出來的能量場，自然而然能讓周圍的人信任你，當他們需要支持的時候，一定會想到你，希望從你這裡獲得支持的力量，所以當你付出關懷的同時，也要學會好好照顧自己，不要承擔過多的責任，而把自己累壞了。

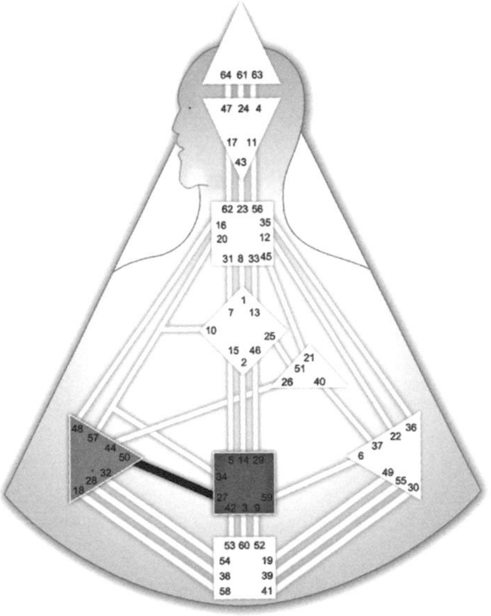

(52)通道 27-50

困頓掙扎的通道 28-38

頑固的設計

你的人生是一條英雄之路，你渴望來場奮戰，不管別人怎麼想或怎麼說，就算要克服種種困難，都要堅持自己的初衷，走出一條自己認為有意義的道路。

有這條通道的人，內心總是不斷地糾結著，掙扎自己所做的一切到底有沒有意義，因為恐懼人生虛度，會更加用力燃燒自己。若自己所做之事毫無意義，會覺得人生白走了這一遭，相反地，若是他們認定為有意義的事，就能將原本困頓掙扎的折磨，轉化為不可思議的力量，頑固奮戰並且開創奇蹟，化不可能為可能。

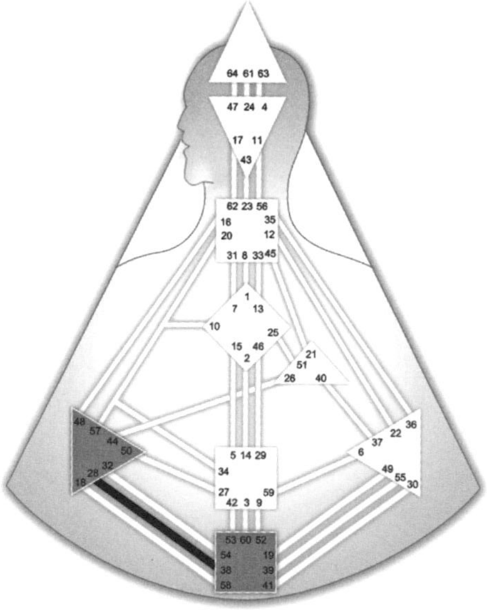

(53)通道 28-38

發現的通道 29-46

好勝心，執著於輸贏的設計

對這條通道的人而言，人生就是一連串不斷投入，不斷採取行動的過程，從中獲得體驗，有所發現，並且累積豐富的人生歷練。

你有好勝的那一面，你認為就算不可能每次都贏，也不想輸，不能落後。但事實上，重點並非輸贏，而是你一旦清楚下了承諾，就要完完全全投入其中，放下所有對結果的期待，沒有走到終點，答案不會揭曉。最終你將體悟到人生並沒有勝負，只需活在當下，去體驗每一個迎面而來的體驗，這是一段探索的旅程。

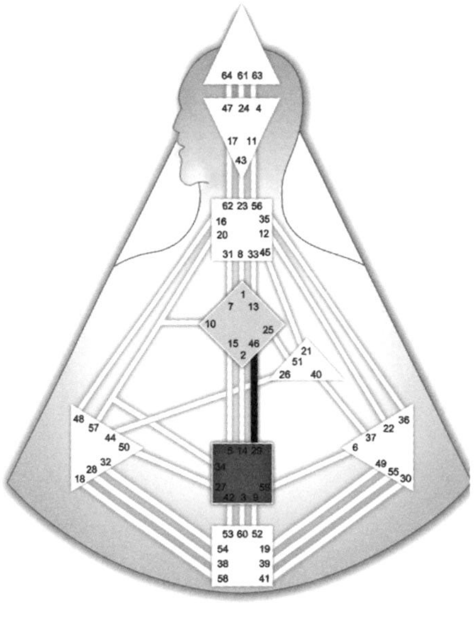

(54)通道 29-46

夢想家的通道 30-41
情感豐沛，充滿能量的設計

　　你的人生有許多想完成的事，你是天生的夢想家，你所做的許多夢，並不見得每一個都能在此生徹底落實，但是你可以享受夢想本身，你總是能夠挑動眾人的情感，激發大家朝著共同的希望與願景，一起向前。

　　這條通道充滿情緒與壓力，也常常會陷入焦躁與緊張之中，需要磨練自己的耐性，尤其在做決定的時候，不要躁進，讓自己坦然去經歷情緒週期的高低起伏，從希望到絕望，再從絕望到希望，你會對自己的夢想與遠景，有更深入的體會與想法。

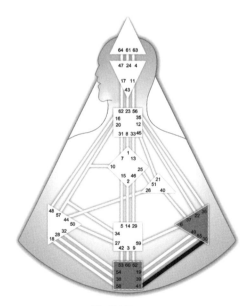

55 通道 30-41

蛻變的通道 32-54
自我驅動的設計

　　你是工作狂，非常渴望能在物質層面獲得成功，你總是驅策自己奮發向上，努力工作，為了獲得物質生活的富足，你總是能克服現有的限制，創立企業或組織，並且永續經營它。

　　這是關於時間、精神、價值、生意、交易。你知道時間與精力真正的價值，願意努力賺取同等報酬，也因為如此，你了解別人的才能與價值，知道如何在別人與自己的需求中，取得平衡。這條通道的人會認真從基層往上爬，隨著人脈擴張，離成功愈來愈近。但也要小心自己變成一個工作狂。

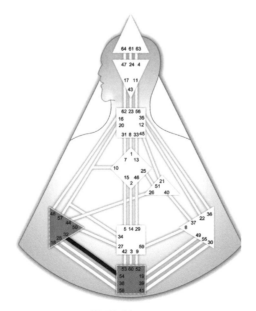

56 通道 32-54

力量的通道 34-57
人的原型的設計

　　你的身體有非常準確的防禦系統，能隨著環境轉變、調整並適應。你只需允許自己的身體，回應每個當下的需要，信任自己的身體，信任內在這股原始的本能，你的力量就能在每個當下展現，一切都與求存有關，非常迅速，非常直接。

　　你總是隨時隨地保持警覺與防衛，對聲音及周遭的頻率異常敏感，在旁人眼中，你看起來非常冷靜，有時近乎冷酷，但是當你自然地回應生命，你就會自然而然展現出真正的力量。

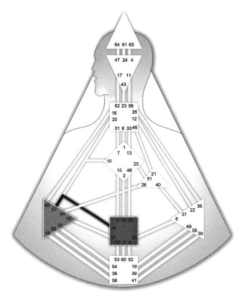

57 通道 34-57

無常的通道 35-36
雜而不精的設計

　　你的人生充滿豐富的經歷，內心持續有一股衝動，渴望去體驗還沒體驗過的一切，每一個你所擁有的體驗，最後都會聚沙成塔，為你的人生增添廣度與深度，若不清楚自己的運作模式，容易為此所苦。這條通道的智慧就是：世事無常，唯一不變的就是改變。

　　你對於冒險這件事情很有天分，基因裡頭埋藏著對改變的飢渴，你所說的話，帶有濃厚的情緒渲染力，隨著人生經驗愈來愈豐富，你的分享也會愈來愈精采，因為你的經歷都好特別，經由你的分享，也豐富了我們的人生體驗。

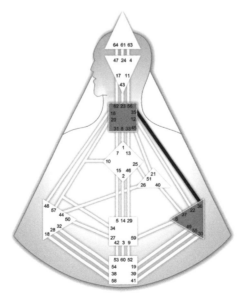

58 通道 35-36

經營社群的通道 37-40

凝聚與歸屬感的設計

你看重婚姻與家族的精神，認為人際關係必須建立在公平的原則之上，你願意付出，但同時你所愛的人也要給予相對等的尊重，愛是付出，也是相互支持，你渴望找到對的人共組家庭，也喜歡在工作上形成社群，相互支持，緊密連結，這會讓你的內心產生歸屬感，感受到滿足與平和。

有這條通道的人重視人和，也擅長做生意，絕不會讓自己的家族吃虧，而賺取利益的目的是為了照顧自己的家人、公司或家族，讓所愛的人在物質上不虞匱乏。在你付出的同時，也要學習平衡，學習尊重自己的需求，照顧別人之外，也要好好照顧自己。

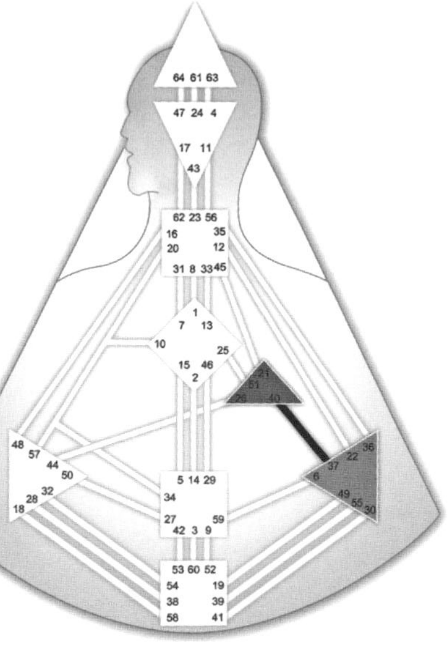

(59)通道 37-40

情緒的通道 39-55

多愁善感的設計

有這條通道的人很容易多愁善感、憂鬱、情緒化，這些看似負面的情緒，其實是非常珍貴的資產，底層蘊藏了巨大的創造力。若你能接受人生有高潮就有低潮，悲傷與喜悅是無止盡的相互循環，你就能擁有源源不絕的創造力，透過旋律、文字與創作，讓世人與你一同體驗情緒的幽谷與天堂。

接受自己就是有憂鬱與多愁善感的那一面，不必試圖合理化，或抹滅它的存在。你有時需要獨處，有時又渴望與人交談，聆聽彼此，恣意表達自己的感受。底層是非常浪漫的一個人，對音樂尤其敏銳，極具天分，可以成為演員、音樂家、詩人或是各種類型的藝術家。

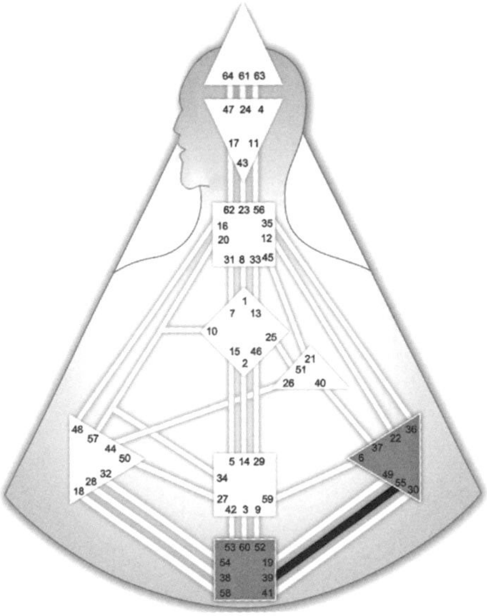

(60)通道 39-55

成熟的通道 42-53
平衡發展，許多階段的設計

　　你的人生由各種截然不同的階段所組成，若能完整體驗這一切，就能累積各種經驗，進而步向成熟，你會在一次又一次的循環中成長，經歷不同的階段，從毛毛蟲蛻變成蝴蝶，重點並非達成特定的目標，而是讓壓力成為動力，學習生命要教會你的功課，終於成熟。

　　每個階段都是磨練，讓你學會該階段應學的課題，通常一個完整的生命循環，從開始到結束會持續七年，萬一半途而廢，同樣的課題又會在下一個循環中，以不同的形式再度現身，直到你學會為止。

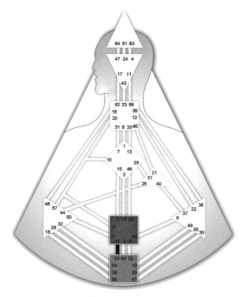

61 通道 42-53

抽象的通道 47-64
充滿疑惑與清晰，腦中無法停止思考的設計

這條通道能對別人帶來重大的啟發，也可以讓自己陷入巨大的困惑之中，這條通道非常擅長以說故事的方式，自老舊中創造新意，將抽象的概念或想法，經由藝術，哲學，歷史或文化各層面傳達出來，啟迪眾人。

創意來自天馬行空的想像力，有這條通道的人能以全新的角度，重新詮釋過往的一切，為眾人帶來嶄新的體驗。

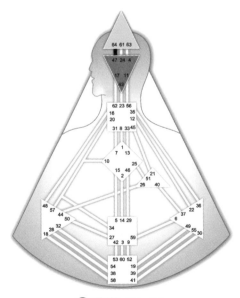

62 通道 47-64

延伸知識 I
閘門定義

人類圖體系總共有六十四個閘門，各自代表不同的特質，來看看你有哪些閘門吧。

閘門定義

1 號閘門
自我表達 / 創意

源源不絕的創意，藝術家，我行我素，散發吸引力，吸引眾人的注意力。「我要以我的方式來！」創意在轉瞬間來來去去，沒有目標的時候，最能將創意發揮得淋漓盡致。

2 號閘門
自我方向 / 接納

天賦異稟，有能力能指出創新的走向，天生就知道人事物正確的方向為何。但若沒有 14 號閘門的輔助，哪裡也去不了。指揮者，舵手。

3 號閘門
秩序 / 凡事起頭難

你要明白自混亂中找出新秩序，需要時間，雖然迫不及待想做些不一樣的事，還是要有紀律地，等待對的時機點來臨。

4 號閘門
公式化 / 血氣方剛的愚者

總是想解答問題，渴望找出答案，但是解答也僅止於概念上的推論，當無法理解時異常焦慮，熱中於找出答案。

5 號閘門
固定模式 / 等待

生活需要固定的規律，保有固定的習慣與運作的程序，這會帶來安全感，也會讓你很健康。

6 號閘門
磨擦 / 衝突

區辨情緒的高低起伏，學習與情緒的波濤共存，這個閘門控管了我們是否願意進入親密關係。

7 號閘門
自我角色 / 軍隊

渴望成為領導的欲望，但需要被邀請或是被選出來成為領袖，代表的是皇冠背後真正的權力。

8 號閘門
貢獻 / 凝聚在一起

具有獨特的天賦，想溝通真理，渴望去推廣些什麼，若能將自己完整地表達出來，你的存在本身，就是獨一無二的貢獻。

9 號閘門
專注 / 處理細節的能力

能專注處理細節，一旦下定決心與承諾，就有強大與堅定的持續力堅持到底。

10 號閘門
自己行為 / 前進

表達自我的獨特性，這個閘門是關於愛自己。

11 號閘門
新想法 / 和平

腦中不斷冒出新想法，渴望能與人分享，啟迪眾人。

12 號閘門
謹慎 / 靜止不動

很在意別人懂不懂你，心情好的時候，會變得非常多話，總是能輕易牽動旁人的情緒。你說話的口氣與聲調，就能透露出自己內在真正的情緒。

13 號閘門
聆聽者 / 夥伴關係

天生的聆聽者，聆聽的功力超乎常人，總是會聽見許多人的祕密。紀錄歷史的人。

14 號閘門
強而有力的技能 / 執著於衡量

唯有從事自己所愛的事情上，你的創意才能徹底發揮出來。

15 號閘門
極端 / 謙遜

對人類有大愛，能順應不同的韻律，包容各種極端的行為，多元而豐富的人生。

16 號閘門
技能 / 熱誠

總是覺得自己學不夠，渴望學習更多，對於學習新的技能非常擅長，經由反覆不停練習，能將技藝提升至大師的境界。

17 號閘門
意見 / 跟隨

以服務為出發點，將自己的疑惑整理歸納之後，化為可行的意見，表達出來與眾人分享，擅長處理架構和建立體系。

18 號閘門
糾正 / 找出錯誤之處

擅長對於找出各種瑕疵與錯誤，唯有找出行不通的地方，才有機會改進。對批評也極為擅長。

19 號閘門
想要 / 靠攏

為滿足在情感或物質層面的需求，需要與周遭環境的人緊密互動。你能引發他人注意到大環境或某些特定族群，目前最急迫的需求，比如說食物，住所，性…等等。

20 號閘門
當下 / 注視

只能看到生命此刻當下正在發生的事情，全然沉浸其中，每件事情都必須在當下發生，即知即行。

21 號閘門
獵人 / 奮勇前進

在金錢物質層面必須獨立自主，在錢財，食物，疆域，生活形態各個層面上，若能掌握主導權就能興盛，有控制欲，並且對如何操控相當在行，經理人的原型。

22 號閘門
開放 / 優雅

渴望表達自己的感覺，充滿情感的靈魂，卻往往被旁人解讀成情緒化，其實擅長社交，卻又常被自己的情緒所左右。心情不好的時候就很宅，心情好的時候又超迷人。

23 號閘門
同化 / 裂開

經由溝通帶來創新的想法與洞見，引發全新的思維，突變。

24 號閘門
合理化 / 回歸

重複不斷思考，試圖找出合理的方式，讓一切有脈絡可循。具啟發性的想法，如果腦袋不清晰，思緒就成為你自己的敵人，它將持續不斷回顧並操縱你的人生。

25 號閘門
自我精神 / 天真

不管環境因素如何變化，保持原有的天真，源於大我的愛（對宇宙的愛，無條件的愛），因為天真的緣故，容易直接去挑戰或測試現有的一切，從中成長。

26 號閘門
利己主義者 / 偉大的馴服者

以最小的付出換取最大的報酬，銷售員的原型，擅長將每件事情說成利己的角度，以此獲取報酬。

27 號閘門
照顧 / 滋養

保存與守護，關懷家族成員及周遭的人，最後常常為了別人好，而犧牲自身的利益。

28 號閘門
玩家 / 偉大

　　為了找尋生命真正的意義，隨時準備好要跳進去冒險，獨立自主的個體，渴望找到生命的目的，如果值得，如果有意義，過程再難都無畏。

29 號閘門
毅力 / 深淵

　　還不知道最後結果會如何，就會輕易答應。總是不由自主對新的起點說 Yes，要小心，別承諾太多最後累垮自己。

30 號閘門
感覺 / 燃燒的火焰

　　所有情緒的渴望與痛苦皆源於此，就算不知道自己真正追尋的是什麼，內心總有源源不絕的驅動力，想嘗試各種新事物，在過程中累積人生的歷練與智慧。

31 號閘門
領導 / 影響力

　　每當指引別人朝未來方向邁進時，就會呈現極佳的狀態，若在對的時機點發言，就會發揮巨大的影響力。需要被邀請或被選出來，成為領袖。

32 號閘門
連續 / 持久

　　天生敏銳，能夠看見人事物真正的價值。企業裡的財務長，本性保守，深知謹慎才能走得長久。

33 號閘門
隱私 / 退隱

　　你需要獨處，才能消化先前的體驗，鑒往知來，了解究竟要從過往中學習到什麼，退回獨處是必要的，你需要靜思過往，才會獲得智慧。

34 號閘門
力量 / 強大的能量

獨立自主，自我中心，天生充滿活力與動力，忙碌，自我驅動的設計。

35 號閘門
改變 / 進展

在人生中會嘗試許多不同的事物，從中學習，總是準備好要跳入新的體驗中，喜歡改變；從各種經驗中累積豐富的人生經驗。

36 號閘門
危機 / 幽暗之光

在激烈的情緒中成長，從中學習如何與自己的情緒共處，不停歇的改變，常常令人極度的興奮，同時也極疲累。

37 號閘門
友誼 / 家庭

你需要得到家族或社群的肯定，你將家庭與社群凝聚在一起，具有滋養與關懷的天性，友誼建立在互惠的原則上。

38 號閘門
戰士 / 對抗

挑戰不可能的時候最勇猛，生為戰士，熱愛一場奮戰，總是準備好要為自己站出立場，試圖找尋生命的意義，為此掙扎。

39 號閘
挑釁 / 阻礙

生來就為了激起別人的情緒，可能是激勵其精神，也可能是激怒對方。善用言辭來挑動他人的情緒狀態，可以引發喜悅，也可以引爆憤怒。

40 號閘門
單獨 / 遞送

在工作與休息之間取得平衡，總在找尋自己能歸屬的團體。賺錢養家的人。

41 號閘門
收縮 / 減少

內心不斷渴望體驗新的體驗，被這樣的渴望驅動著，充滿衝動想去作些不一樣的事，幻想與作夢的閘門，看著前方目的地，而充滿渴望與興奮感。

42 號閘門
成長 / 增加

一旦開始就非作完不可，一旦承諾就有源源不絕的動力想將整件事情作完，不達目的很難罷休。

43 號閘門
洞見 / 突破

擅長以獨特並且有創意的方式來表達自己，對眾人有興趣的議題不見得喜歡，只對自己特定的，有興趣的領域一頭熱。聾子的閘門。

44 號閘門
警覺 / 聚合

人力資源經理的典型，可以嗅出別人的才華與潛力，伯樂。

45 號閘門
收集者 / 聚集在一起

國王或皇后，著眼於家族或社群的未來與財富，家族領導者，最後同意新法規是否成立的人，以教育的方式來提升子民，贏得富足。

46 號閘門
自我決心 / 推進

如果放下期待，你就能在對的時間點走到對的位置上，每個經驗都是完美的，不管是酸甜苦辣，歡喜或悲傷，都是對的經歷。

47 號閘門
了解 / 壓抑

根據過往的經驗來理解人生，常常回憶過往，腦中充滿各種影像，隨時自行想像拼貼中。

48 號閘門
深度 / 井

有深度，有智慧，雖然常常質疑自己。智慧的泉源，要等待對的時機點，才能與人分享。

49 號閘門
拒絕 / 革命

你的原則可能引發你去拒絕別人，或者讓別人來拒絕你，這個閘門是關於每段關係的基本原則，若有人不接受你的規則，你會將之排除在外。這也是離婚與革命的閘門。

50 號閘門
價值 / 熔爐

建立或挑戰社會現有的價值與規範，探索責任的歸屬，內在對家族與社群具有深厚的責任感，常常會為了社群的利益而奮鬥。

51 號閘門
衝擊 / 激起

為了成為最棒的，或成為第一人，不斷考驗自己，非常具有競爭心，熱愛去作別人從未做過的事情，挑戰別人不敢的，超越極限。

52 號閘門
靜止 / 維持不動

按兵不動，靜待好時機，全力出擊，專注，專心，蓄勢待發，能待在同個地方，不動不移。

53 號閘門
開始 / 發展

總覺得隨時都要有個新的開始，所以若身陷重複的困局中，就容易感到無聊與厭煩。

54 號閘門
野心 / 少女出嫁

渴望追求物質層面的成功，要超前，要領先，從基層往上爬，最後爬至上位，對於賺錢有莫名的驅動力，是一股不斷想前進的強烈驅動力。

55 號閘門
精神 / 豐盛

多愁善感，對音樂很敏銳，對聲音很敏感。非常浪漫，不管付出多少代價，都要尊重自己的情感，情緒高低起伏是正常的，不要壓抑自己。

56 號閘門
刺激 / 尋道者

運用過往的經驗來闡述你的想法與概念，啟迪眾人。講故事的人，對於引發聽眾的情緒非常有興趣。

57 號閘門
直覺的清晰 / 溫和

直覺能夠確保你是健康的，安全的，讓你生存無虞，對於聲音與震動頻率非常敏銳，具有強烈的直覺。

58 號閘門
活力 / 喜悅

具有源源不斷的動力，渴望改善周圍的一切。對於挑戰現有的制約充滿活力。

59 號閘門
性 / 分散

生產，複製，不論是生小孩或是生出新計畫，都很厲害。渴望在性的層面親密。

60 號閘門
接受 / 限制

有潛力為世界帶來全新的改變，為此深感壓力，渴望在脈搏的跳動瞬間，突變就發生了。需要接受限制。

61 號閘門
神祕 / 內在真理

　　腦中充滿壓力想解開未知的神祕，能帶來前所未有的，突變的洞見，偉大的思想家，熱愛未知，但也需要接受，有些事情無法被解釋，也無法被了解。

62 號閘門
細節 / 處理細節的優勢

　　能夠著眼細節，總是需要知道實際上到底發生什麼事，管理並標示，命名，找出行得通的清楚模式，能夠在錯綜複雜的狀況中，抽絲剝繭，理清頭緒。

63 號閘門
懷疑 / 完成之後

　　科學的，天生多疑的頭腦，質疑每件事的真實性，渴望找出答案，常常為此感到壓力，除非自己找到證據，否則很難相信。

64 號閘門
困惑 / 完成之前

　　對於解開過去的事件 / 議題感到焦慮，要接受困惑是生命的一部份。影像思考，腦中充滿各種畫面，試圖想為自己的經歷找出解答。

延伸知識 II

閘門及其關鍵字索引

閘門及其關鍵字索引

閘門與關鍵字		對應的閘門與關鍵字		通道與關鍵字	
1	創意 自我表達	8	凝聚在一起 貢獻	1-8	帶來靈感、啟發 創意的典範
2	接納 自我方向	14	執著於衡量 強而有力的技能	14-2	脈動 掌管鑰匙的人
3	凡事起頭難 秩序	60	限制 接受	60-3	突變 能量開始與流動，脈搏
4	血氣方剛的愚者 公式化	63	完成之後 懷疑	63-4	邏輯 頭腦充滿疑惑
5	等待 固定模式	15	謙遜 極端	5-15	韻律 順流
6	衝突 摩擦	59	分散 性	59-6	親密 專注於生產
7	軍隊 自我角色	31	影響力 領導	7-31	創始者 不論好壞，領導力
8	凝聚在一起 貢獻	1	創意 自我表達	1-8	帶來靈感、啟發 創意的典範
9	處理細節的能力 專注	52	維持不動（山） 靜止	52-9	專心 專注
10	前進 自我行為	20	注視 當下	10-20	覺醒 承諾去追尋更高真理
10	前進 自我行為	34	強大的能量 力量	34-10	探索 遵從自己的信念
10	前進 自我行為	57	溫和 直覺的清晰	57-10	完美形式 求存
11	和平 新想法	56	尋道者 刺激	11-56	好奇 追尋者
12	靜止不動 謹慎	22	優雅 開放	22-12	開放 社交人
13	夥伴關係 聆聽者	33	退隱 隱私	13-33	足智多謀 見證者
14	執著於衡量 強而有力的技能	2	接納 自我方向	14-2	脈動 掌管鑰匙的人
15	謙遜 極端	5	等待 固定模式	5-15	韻律 順流
16	熱忱 技能	48	井 深度	48-16	波長 才華

閘門及其關鍵字索引

閘門與關鍵字		對應的閘門與關鍵字		通道與關鍵字	
17	跟隨 意見	62	處理細節的優勢 細節	17-62	接受 組織化的人
18	找出錯誤之處 修正	58	喜悅 活力	58-18	批評 不知足
19	靠攏 想要	49	革命 拒絕	19-49	整合綜效 敏感
20	注視 當下	10	前進 自我行為	10-20	覺醒 承諾去追尋更高真理
20	注視 當下	34	強大的能量 力量	34-20	魅力 即知即行
20	注視 當下	57	溫和 直覺的清晰	57-20	腦波 滲透性的覺知
21	奮勇前進 獵人／女獵人	45	聚集在一起 收集者	21-45	金錢線 唯物主義者
22	優雅 開放	12	靜止不動 謹慎	22-12	開放 社交人
23	裂開 同化	43	突破 洞見	43-23	架構 個體性
24	回歸 合理化	61	內在真理 神祕	61-24	察覺 思考者
25	天真 自我精神	51	激起 衝擊	51-25	發起 想要成為第一人
26	偉大的馴服力 利己主義者	44	聚合 警覺	44-26	投降 傳遞訊息
27	滋養 照顧	50	熔爐 價值	27-50	保存 監護人
28	偉大 玩家	38	對抗 戰士	38-28	困頓掙扎 頑固
29	深淵 毅力	46	推進 自我決心	29-46	發現 好勝心強
30	燃燒的火焰 感覺	41	減少 收縮	41-30	夢想家 充滿能量
31	影響力 領導	7	軍隊 自我角色	7-31	創始者 不論好壞，領導力
32	持久 連續	54	少女出嫁 野心	54-32	蛻變 自我驅動

225

閘門及其關鍵字索引

閘門及其關鍵字索引

關於通道與閘門

· 通道是生命的動力，是老天爺賦予你此生的配備，好讓你得以發揮所長，完成使命。
· 通道共 36 條，每一條都獨一無二，無須比較，你所擁有的便是最適合你的通道。
· 通道多寡不是問題，重點是你有沒有善用它。

Q 我的通道太少、我的通道太多、我根本不喜歡我自己的通道，怎麼辦？

A：關於通道多寡，請記住，人生並不是一個比誰通道多最威猛的競賽。請相信你所擁有的通道數量與種類，就是最好的安排，美國前總統歐巴馬先生也只有一條通道而已，一條發揮到極大，也是可以發揮強大影響力，而通道多也有通道多的挑戰，擁有很多通道的人，也會感覺到，不同的通道彼此也難免有相互牴觸之處。通道的數目多寡真的不是重點，也並非大家認為的多多益善，請務必放下比較的範疇，每個人都是獨一無二的存在。

另外，如果你不喜歡自己所擁有的通道，這牽涉到的是自我接納的課題，而自我接納的旅程是趟自我探索與發現的道路，或許，不喜歡就是一個很好的開始，讓你一步步朝喜歡的方向邁進，擁抱更完整的自己。

Q 我如何看自己的通道到底有沒有通？

A：讓我以上方這張圖（圖一）來做例子，通道的兩端各有數字，這數字代表的是第幾號閘門。如果數字被圈起來了，像是圖上的 59 與 6 號，這就代表著這兩個閘門被啟動了，所以這條通道就接通了。換句話說，此圖代表著這個人擁有 6-59 這條通道的天賦才華。

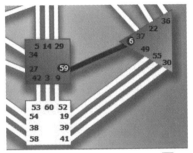

圖一

再看一個例子（圖二），這是另一張人類圖，你可以看見 6 號閘門被圈起來了，但是另一端的 59 號閘門並沒有，所以，這張圖的 6-59 這條通道是沒有被接通的，而此人擁有的是 6 號閘門的特質，卻沒有擁有 6-59 這條通道的天賦才華。再一次，那些只有接通一半的，就是沒通的意思，通道必須要兩端的閘門皆被啟動才算接通。

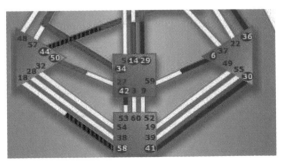

圖二

Q 紅色與黑色的意思是？

A：你所擁有的閘門（特質）就是那些被圈起來的數字，如果這個數字被圈起來了，請看看此閘門往前延伸的管道呈現什麼顏色，若是黑色，代表的是你很清楚自己擁有這樣特質，這是你認知到的自己，若是紅色，則是代表這個特質別人看得很清楚，但是你不見得意識到，這是別人眼中的你。若是此閘門被圈起來，而往前延伸的管道呈現紅黑相間的模樣，這代表的是，對於這個特質你自己知道，而別人也看得很清楚。

再一次，讓我們以上方的圖二來做例子：你可以看見 6 號閘門被圈起來了，呈現黑色，那就代表此人自己知道自己擁有 6 號閘門的特質。而同樣一張圖上，50 號閘門也被圈起來了，呈現紅色，這代表著此人不見得察覺到自己擁有 50 號閘門的特質，但是別人卻能從他的言行舉止中，看得很清楚。你會注意到，58 號閘門被圈起來了，但是呈現紅黑相間，這代表他知道自己具有 58 號閘門的特質，而別人也看得很清楚。

以此延伸，若以通道的角度來看：
——若是你被啟動的通道，整條都是黑色的，這代表著，你清楚知道自己擁有這條通道的天賦才華。
——若是被啟動的通道，整條都是紅色的，代表著你不見得知道，但是別人眼中的你，卻具備了這項天賦才華。
——若是被啟動的通道，整條呈現紅黑相間，代表的是你知道，別人也清楚看見你有這條通道的天賦才華。
——若是被啟動的通道是一半黑一半紅，這代表著，我們或許並不確定，但是你還是擁有了這條通道的天賦才華。

Q 所以只通一半的通道，就是沒有通的意思？那我要如何讓它接通？

A：是的，只通一半的通道，就是沒有通的意思。只通半條的意思是你擁有了那個被圈起來閘門的特質，但是你並沒有擁有整條通道的能量。

另外，我們曾在第一章提到，每個人都有其能量場（Aura），每個人的能量場大小是：你的手臂伸直，乘以兩倍為半徑，劃一個立體圓周的距離。所以當我們進入彼此的能量場，就會相互引發，相互影響。那些你只通一半的通道，如果遇到另一個人進入你的能量場範圍，而對方的設計剛好有通道是另一半的閘門，或剛好有那一整條通道，那麼，在你與此人相處的那段時間內，你的確可以感受到那一整條通道的天賦才華，但是，這並不會持久，也不穩定，因為當此人離開你的能量場，你又會恢復原本通道沒接通的狀態。

當然，這也會牽涉到流年流日的概念，在某些時刻，或是某一天，當你原本沒接通的閘門或通道，剛好因為某顆星星走到那個閘門而被啟動了，那麼，在那些特定的時刻，你也會感受到自己似乎擁有了那些原本沒接通的通道。

讓我再一次重申，這些感受並不會持久，也不穩定，而你原本所接通的通道，就是你可以信賴，並且會穩定運作的天賦才華。

Q 我只知道自己出生的時辰，不確定是幾點幾分，怎麼辦？
人類圖可以提供時間校正嗎？

A：若你的出生時間無法精準到幾點幾分，你可以將自己出生時辰內
所產生的人類圖都跑出來，比較其中的差異，有時候，兩三個小
時之內，星星的位置並沒有明顯的移動，但是也有時候只差一分
鐘，就剛好星星挪移至下個位置，產生很大的差別。

還是建議你盡可能找到自己正確的出生時間，若是在台灣，可以
到戶政事務所，去調出當時的出生證明，上面通常寫得很清楚。

人類圖無法提供任何時間校正，我們需要你提供正確的出生資料，
才能分析你的人類圖。

Q 我沒有任何的通道是通的……怎麼會這樣呢？

A：如果整張圖沒有任何一條通道接通，就是我們稱之為反映者的設
計，這樣的設計非常罕見而特別，僅佔全部人類的百分之一，如
果你是反映者，你不會擁有任何一條特定的通道，但是隨著環境，
還有與不同的人所產生的火花，你會有機會感受到每一條通道的
狀態。

Q 我如果想了解更多，除了這本書之外，你們是否提供相關課程？

A：是。「亞洲人類圖學院」提供人類圖相關課程與工作坊，詳情請見：
humandesignasia.org

請給 1-8 通道一個肥皂箱

1-8 創意的通道

Yvonne
全職媽媽
投射者

　　肥皂箱演講，源自於英國倫敦的海德公園，大約在十九世紀的時候，當時英國人還沒有集會自由，所以到海德公園來「出出氣」，慢慢地成了一種「習慣」。原先人們喜歡每個星期日的下午來此，自帶裝肥皂的廢木箱作為講臺，所以這裡也稱為「肥皂箱上的民主」。在公園東北角拱門旁形成一塊「演講者的角落」(Speakers' Corner)，任何人都可以到這個地方，站在肥皂箱上高談闊論，抒發理念，台下聽眾有的回應、有的喝采、有的反駁、有的辯論，是一種最直接民主和言論自由的象徵。

　　這是我認為擁有 1-8 通道的人最極致的表現！「表達自我，勇於展現自己的獨特」是我認為這個通道最有力量的地方！某些程度是把自己內在的許多想法與力量透過喉嚨中心呈現，因此啟發別人，成為激勵他人的榜樣！

　　1-8 並不那麼在意有沒有很多粉絲跟隨，對我們而言，能夠說出我們內在的「真心話」才是重點！對擁有 1-8 通道的人而言，表達不是為了被認同，而是想聽到你們說我們「很特別」「獨一無二」這件

事情，這是我們滿足感的來源！

　　我自己從小就充滿對這條通道的體驗，某些程度可以說我很「大膽」，什麼話都敢說，在大人的世界裡就比較容易引來「白目」或是「憨膽」的評語。但請相信我，我們的發言不是為了反叛或搗亂，而是內心很清楚地在告訴大家一個「未來的方向」（握拳篤定）。

　　長大的過程，對這條通道容易有許多壓抑；特別是在工作的場合，不見得什麼事都溝通得了，關鍵在於「說話」的時機，在被正確邀請的情況下，創意才得以被看見！雖然說沒有人拿肥皂箱邀請我們的時候，我們也可以自顧自地講，不過這樣的苦澀也的確只有我們知道啊～更浪費了我們的「滿腹」創意！我自己找到的方式是為自己打造一個「發聲」的平台！不論是在自己的臉書或是部落格（日記也可以！）高談闊論一番，讓自己抒發！然而，當正確的邀請出現，1-8通道的人最需要拿出來的就是「勇氣」！勇敢地說出自己想說的，不需理會別人的看法，勇敢地表達出來！ Dare to be different! 就是我們的 slogan!!

　　1-8通道最需要聽到的就是：「你想法好特別，我真的好想知道！」一旦你這麼說了，就麻煩也準備一點時間讓我們大鳴大放一下！不需要熱烈拍手，聆聽跟「嗯哼」聲就足以讓我們有 100 分的滿足了！所以說，身邊如果有 1-8 通道的朋友，記得三不五時拿出個肥皂箱邀請他（她），一定能為你（妳）帶來許多意想不到的靈感！

按照自己的信念過生活
10-34 探索的通道

Clain
自由工作者
生產者

　　10-34 是探索的通道，據說擁有這條通道的人，要按照自己的信念過生活。

　　最近發現，我已經在地球生活了這麼久的時間，一剛開始我擁有不快樂的童年，鬱悶的青少年，灰暗的大學生活。接著是渾渾噩噩的八年，包括不知道該做什麼，便按照父親希望而念了研究所，接著又按照父親希望念師資班與當公務員。

　　按照別人期望過生活的那幾年，心靈與身體出了很大問題。嚴重失眠到早上才睡得著，食慾不振每天只吃得下一餐，要每天喝酒才熬得過醒著的時光（沒有酒精中毒真的太幸運了），然後是輕度憂鬱與恐慌症。當時經常坐在港都公寓房間的地板上，要很努力抵抗每一個灰色乃至黑色的念頭。要很努力才能活著過下一分鐘。

　　我不知道我真心喜歡的是什麼？
　　我不知道我要憑著什麼過生活？

我只知道，循著別人的期待過生活，讓我非常痛恨自己。

有一天晚上，突然福至心靈想走跟之前不一樣的路（想必是我的薦骨突然受不了了），接著是漫長的抗爭：跟父親的決裂，忍受低劣的物質生活，沒有朋友的異鄉，競爭激烈的職場，與過往平靜完全不同的人生。

奇妙的是，以自己理念過活的這十幾年，高低起伏，有快樂興奮，當然挫折與低谷也難免，甚至有過活著以來感覺最糟的一年，以前，我爸跟我某些朋友對我說，我有天一定會後悔。而這一天始終沒來到，而即使在最糟的一天，我都知道我說不後悔並非逞強。

擁有 10-34 通道的人，似乎總會選擇一條跌破別人眼鏡的路。沒有辦法過別人期待的生活，在別人眼中總是自討苦吃，走充滿荊棘的道路。然而，在做自己喜歡事情的時候，即使受傷，是痛也是快樂，覺得活著真好，叢林裡，鳥叫的聲音很響亮，經常不知道下一秒會跌進陷阱，還是找到水源？但是每一個當下都充滿生命的喜悅，每一個細胞都在回應。

這幾年突然有種感覺，我的人生因為 10-34 而吃盡苦頭，卻也是因為這條通道才能存活至今，而現在終於可以平靜下來，在遼闊的草原上聽聽風的聲音。

我終於覺得，活著挺不賴的，謝謝我的 10-34 通道。

給我超乎尋常的精氣神賺錢

21-45 金錢線

Caren
金融業
生產者

　　擁有金錢線到底是什麼感覺呢？的確我是比同齡人賺得稍微多一點，但也不是什麼頂尖豪門巨富像辜家王家蔡依林周杰倫那樣（我猜他們都是因為別的通道在賺錢，或者是投胎投得好，都不是金錢線）。這點大家要先明白，擁有金錢線並不是天生中頭獎，沒有那種事！

　　唯一比較接近天生中樂透的，是我從小到大的確是沒有為錢擔心過，長大以後也很自然地就做了薪水待遇很好的工作（我姊第一次看到我的合約很擔心地問：這公司真的不是詐騙集團嗎？）

　　我現在還是覺得自己非常幸運，的確是踏入了一個起薪比別人高的工作，但是做了十多年以後，我發現金錢線不是直接給我白花花的鈔票，而是提供我超乎尋常的精氣神去賺錢，而我並不自覺原來這些精力或耐性是超乎尋常的。也就是說，我只是自然而然地在這行默默地做了這麼久，比平常人起更早、留更晚，比不做股票的人承受劇烈起伏的心理壓力，比業務飛行更多時數耗費大量體力，比別人更有能耐地做了好久好久——但是，我在做這些事情的時候並不覺得比別人辛苦，只是會聽到別人告訴我，啊呀，要這樣啊我做不來。

最近我才明白，其實這份工作與這些金錢，要耗費超乎一個人份、非常大量的精氣神才能賺取。金錢線一次給了我兩個人或甚至三個人份量的個人裝備，直接將兩三人份的錢賺回來。就這點來講，真的很幸運。

　　另外一個體會，是我在看意志力中心與金錢線的說明時感受到的。（畢竟 21 號閘門在意志力中心裡，表示我的意志力中心是有定義的）我記得上二階課程時學過，金錢線要發揮效用招來滾滾錢財，不是只為自己，而是更要為身邊的人，因為有定義的意志力讓人有競爭力，能奮發，但並非無償，它是需要回報的！也就是說，賺錢不是沒有目的之事——世界上沒有無緣無故的愛，也不可能無緣無故地賺錢。我願意對家人、友人、愛人慷慨，因為他們得以快樂並富足，那對我來說不但是目的，也是最棒的報酬！

要你全心投入的設計

29-46 發現的通道

Kal Chu
經紀總監
生產者

29-46 是我唯二的通道，再加上 46 閘門被啟動四次，理應我就是這條通道的最佳代言人。但老實說，從第一次上人類圖課程時，我就滿肚子疑惑。Joyce 在二階課堂上談到這條通道人內心的 OS：「我唔嘎意輸的感覺」，我覺得這真是跟我差太多了，難道我沒有活出設計嗎？我自詡是一個很不喜歡競爭，能不出頭就不出頭的人，內心很少會興起這種一定要贏的大型重低音環繞立體聲。後來，Joyce 又更細膩地解釋了這條通道，說：「這條通道的人要放下期待，走到底答案才會顯現」，這句話有點觸動到我的內心，但又說不上很清晰。等到當時定的原文書到手中，急忙看下這條通道的解釋 "If they are only half committed, they learn nothing."（如果只是半調子，他們將學不到任何東西），我想我大概知道所謂「發現，好勝，執著輸贏」的意思了。

對我而言，從沒有一件事曾想過要怎麼贏才去做的，但我發現，我在面臨一個情況時，會本能地進入那個狀況中，專注地想該怎麼做。舉例來說，剛進唱片業界作執行企畫開始的時候，我對這個行業該具備什麼本質和學能毫不清楚，只是對寫歌詞有興趣，而我也覺得

自己有些文字能力，便因緣際會地踏入這行業。進來發現，文字只是唱片企畫所需能力的一部分而已，除此之外，音樂，行銷，視覺等等都是必須具備的職能。其中視覺是我以前很少碰觸的領域，但執行企劃有很大一部分的工作，是要進剪接室告訴剪接師跟後期人員，你的MV 短版跟廣告要怎麼剪怎麼做。

我還記得第一次做廣告字幕的時候，剪接師問我要什麼字體，字體的動線要怎麼做的時候，我當場傻在那裡，我只知道明體字耶……當下覺得超慘的，怎麼唱片企畫跟原先想的都不一樣！但也沒時間自怨自艾，因為後面工作又如雪片般飛來，只好用土法煉鋼的方式，每次去剪接的時候，提早一小時到現場，拜託剪接師讓我看其他各家公司資深企畫廣告的作品，大量的看業界前輩的想法跟做法，同時每天去誠品翻各種雜誌，從流行服裝設計、廣告、居家、攝影等等等，只要是我覺得跟視覺有關係的都不放過，邊走邊惡補，說也奇怪，主管跟老闆慢慢地把愈來愈多想法交給我主導，我也愈來愈抓得住做唱片企畫的精髓。

我想解釋的就是前面提到的，這條通道就是一條要你全心投入的設計，邊走邊發現問題，然後全心解決它，就像玩遊戲，解決一關，經驗值提升，然後又有下一關的魔王來挑戰你。當執行企畫的時候根本沒時間想贏不贏輸不輸，就只是覺得我要解決這個狀況，所以我要怎麼做。如果你問我怎麼沒被挫折擊敗轉而逃走，我想大概是因為在問題解決後，突然讓我很喜歡新獲得的經驗能力。原本我對視覺一點興趣也沒有，但後來我突然發現視覺是我潛在的基因，我不知不覺喚醒了它，就像一開始寫的，這條通道得要放棄期待，走到最後才會發現這個經驗要給你的學習是什麼。事後印證才忍不住驚歎：可以活出自己真的是很美妙的體驗！

第七章

定義與輪迴交叉

看懂人類圖的最後一步

整個世界是一個大輪軸，你最重要的四個數字在這個大輪軸上形成一個大交叉（輪迴交叉），這就是你的定位系統。

關於定義與輪迴交叉，
大家最常有的疑問是……

☉　根據前面的章節，我已經逐步知道自己的設計，那接下來我該怎麼綜合性的解讀自己的圖呢？

⊕　一分人和二分人之間最大的不同是什麼？彼此該如何相處呢？

☽　我好好奇自己的輪迴交叉，那該怎麼看？有更專業的方式可以進行解讀嗎？

☿　為什麼有些人的一生很像他們的輪迴交叉，可是有些人根本就完全不像呢？最主要的差別在哪裡？輪迴交叉是每個人在人生中注定會完成的使命嗎？

⑥③輪迴交叉：

你最重要的四個數字在大輪軸中形成大交叉

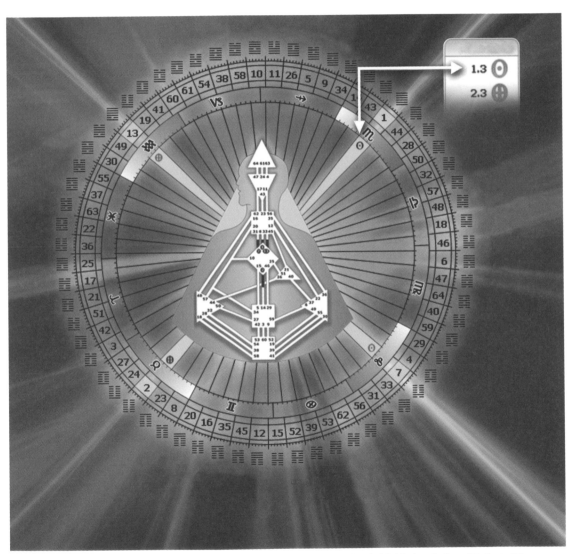

整個世界是一個大輪軸，你最重要的四個數字在這個大輪軸上形成一個大交叉
（輪迴交叉），這就是你的定位系統，也是你此生即將踏上的旅程。

定義與輪迴交叉
看懂人類圖的最後一步

輪迴交叉——你知道自己來地球是有任務的嗎？

我們活在世上，難免會有困惑的時候，有時候會聽到算命老師說，某某人是帶著天命而來。事實上以人類圖的角度來看，我們每一個人都帶有天命，當你開始這段人生旅程，屬於你的命運之旅也就此展開。在你的人類圖表格中，輪迴交叉前面的四個數字代表四個閘門，象徵你四項主要特質，由此形成了你的輪迴交叉，意味你此生的使命，也就是你來到這個世界的目的。

想像這樣的情景：整個世界是一個大輪軸，你最重要的四個數字在這個大輪軸上形成一個大交叉（輪迴交叉），這就是你的定位系統。如果你回到自己的內在權威與策略，活出自己真正的樣子，宇宙定位系統自然能引領著你，讓你在屬於自己的軌道上運行。相反地，若你自始至終，從未回歸內在權威與策略，那麼我會說，你的「輪迴交叉」那一欄，就只是海市蜃樓。唯有真實過生活的人，才有機會踏上屬於你的命運之旅。

不同的使命會有不同的旅程，每趟旅途皆有既定的行走軌道，一個對的決定會帶你進入下一個正確的階段，你的路將愈走愈清晰，路標顯現，一切都會水到渠成，愈來愈清楚，對的人與對的邀請將紛至沓來，無須向外追尋。你會愈來愈了解這輩子要完成的使命是什麼。每個人的使命都不同，沒有誰能取代誰。既然如此，又無須比較，只

⑥4 定義與輪迴交叉圖表

類型	人生角色	定義
投射者	4/6	一分人
內在權威	策略	非自己主題
情緒中心	等待被邀請	苦澀
輪迴交叉		
Right Angle Cross of Tension (38/39 | 48/21)		

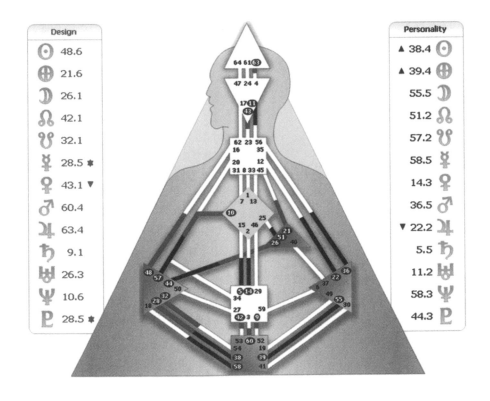

要扮演好自己的角色，天地之間便會有你的一席之地。

　　輪迴交叉在人類圖中是非常專門的領域，若對此有興趣，可以翻閱《區分的科學》或找專業人類圖分析師做解讀。

定義——你是幾分人？

　　以人類圖的術語來說，「定義」指的是人類圖上有顏色（被啟動）區塊的分布。一分人指的是有顏色的區塊是連成一塊，二分人則是有顏色的區塊分成兩塊，彼此不相連。三分人則分成三大區塊，以此類推，四分人就是四個區塊彼此不相連的意思。

　　一分人的體內，僅有一股生命的動力，所以做決定時爽快直接，卻不見得面面俱到。二分人容易自我爭辯，這意味著他們要做決定，必須設法讓體內兩股動力，達成共識，過程自然比一分人慢，然而一旦整合了，考慮的層面也更為周詳。三分人與四分人做決定，則需要更長的時間，三分人捉摸不定，經常反覆改變，一件事決定後兩三天，可能又會全盤推翻，令周遭的人很崩潰，但是三分人非常靈活，性格多樣，在複雜的環境中特別能應變。四分人做決定的時間會更久，甚至連他自己都無法理解自己，四分人看世界的角度非常獨特。

　　透過人類圖來了解別人，你會知道為什麼，別人做決定的時間與過程，與自己大不同。了解之後，才能知道該如何尊重彼此，相互包容。

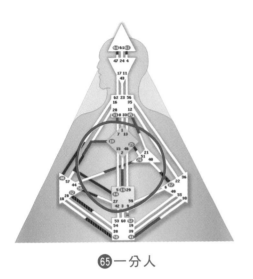

❻❺一分人

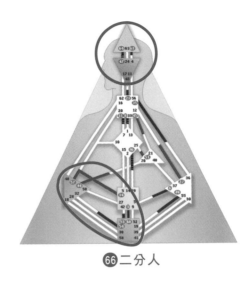

❻❻二分人

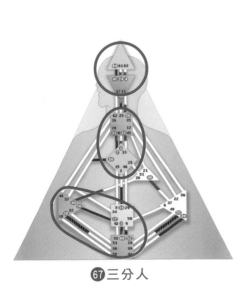

❻❼三分人

❻❽四分人

練習使用關鍵字，來描述自己的使用說明書

現在的你已經知道自己的類型與策略、有顏色與空白的能量中心——組成你這個人的模樣、內在權威（做決定的方式）、人生角色（與外界建立關係的方式）、你所擁有的通道（擁有的天賦才華）。你可以試著依序練習，以整體而全面的角度來描述自己：

我是純生產者，內在權威是情緒，所以回到內在權威與策略，對我來說就是：觀察並體會自己的薦骨，在不同當下的回應，同時也要好好體會自己的情緒週期，不要在當下做決定。當我沒有回歸內在權威與策略時，我容易感到挫敗。我有顏色的能量中心是這個和那個，這表示我有哪些固定運作的模式。而我空白的能量中心分別是這個和那個，表示我要避免陷入非自己的狀態為⋯⋯。我的人生角色是1/4，表示別人很容易跟我親近，而朋友是我最大的資源。我有夢想家的通道，這意味著我情感充沛，懷抱夢想往前行，總是能驅策眾人也去追求他們的夢想。

當你能夠做出以上自我描述，關於你人生使用說明書，就能清楚浮現出來。

關於定義與輪迴交叉

· 你是幾分人決定了你消化與整合資訊的過程與時間，各有優缺點，
  沒有哪種比較好。
· 理解別人做決定的方式與自己不同，學習尊重彼此的獨特性。
· 回到內在權威與策略來做決定，你自然就能回歸宇宙的定位系統，
  踏上自己的輪迴交叉的奇妙旅程。

Q 我是一分人，我的朋友是二分人，難怪我經常覺得他做
決定慢吞吞，請問可以訓練二分人變成一分人嗎？

A：所謂幾分人的設計，代表的是每個人消化與整合資訊的方式，大
不相同。請學習尊重彼此的差異性，才是最好的解決之道。

Q 我該怎麼做，才能實現自己的輪迴交叉（使命）？

A：你不必特意做些什麼，也無須外求，只要回到自己的內在權威與
策略來做決定，正確的決定會帶領著你，迎向下一個機會點，而
對你而言正確的人事物，宛如路標，將逐步顯現，當你活出真實
的自己，愈來愈成熟，你會體驗並發現自己的輪迴交叉原來是這
麼一回事，你會明白原來每一天，每一個決定，你都在實現自己
的使命。

在日常每一個抉擇裡實踐「愛自己」

Emily
插畫師
投射者

我相信人類圖，但也從沒停止過懷疑。

人類圖好像永遠能夠自圓其說，總是有它能說中的地方，而此刻覺得不準的，只要說是「非自己」或其他因素影響，就能解釋一切。每次看著自己的圖，我是感到那麼認同和親切，但又不禁想：「如果一開始給我完全不一樣的圖，說那是我，會不會也自自然然對號入座，覺得超級準？」然而人類圖最可怕的地方是，我這種反覆質疑與回顧的特質它也記錄了！（我有 63 號閘門「懷疑」和 24 號閘門「回歸」。）

在相信與質疑之間過生活，唯一的方法似乎是驗證。我是個需要等待被邀請的投射者，還未認識人類圖之前，我早就知道自己個性被動，喜歡等待多於爭取，但現代社會並非如此運作，所以有時候會強迫自己主動進取，結果有成功也有失敗。接觸人類圖後，我有意識地提醒自己不要主動發起，專心等待邀請，邀請真的有來，結果也是有些順利，有些波折重重。例如碰到一些工作邀請，當下感到樂意接受，但合作下來並不順利。

於是我明白，即使人類圖所說的策略可靠，也不保證依著做就能順遂成功。那究竟聽從內在權威和策略有什麼好處？我的體會是它最少能讓我更有意識地忠於自己。當我做大大小小的決定，都提醒自己去感受是否真心想要，而不像從前只思量「應該」要怎樣，這無疑讓我的人生 upgrade 了一大級。過程中我體會到尊重和珍惜，不是來自外界的，而是我對自己的。

第一次看到自己的圖，老實說有點失望，三十六條通道我只得一條，九大能量中心有七個是空的，天啊，祢就只能給我這樣？就不能給我更漂亮更厲害的設計嗎？在那許許多多的閘門和通道的知識裡，我花了很多心思數算自己缺乏什麼、擁有什麼。本來我對人類圖的想像，是它可以幫助我更成功和快樂，但結果有了人類圖好像也沒有減少失敗，仍然會有很不快樂的時刻。可是在實踐過程中我確實多了一點很重要的什麼。人類圖的重點也許並非那許多的知識，重點是在日常每一個抉擇裡實踐「愛自己」。當我每次下決定，也回到內在真我出發，就是一個愛自己的起點。人類圖的用意應該是帶人踏上愛自己的路。而最終會不會走到我想像的成功和快樂，我還是不知道，可是大概也不會有其他路徑，比愛自己的路更值得走了吧。

將身上笨重的保護盔甲脫下，才能真的前進

GJ
保險業
生產者

　　我接觸人類圖時還沒有小孩，當時只是為了找到更多方法肯定自己，以及搞定別人。我從小生活經濟很窘迫，我的求學階段時，學費是家中很大的負擔，我因此在很沒有安全感的狀態下長大。我二十歲進保險業，二十七、八歲才讓自己及家庭的生活穩定許多。我非常努力，一直試著想掌控自己的人生，甚至想要控制一切，工作上我是高階主管，要帶一大群夥伴，以前只要有員工來找我談話，我第一時間的反射想法是他們又想離職了，或者他們有什麼目的，還是我哪裡又做得不夠好。但另一方面我又恐懼衝突，害怕失控及失去，所以我以前經常會以控制、勸導、引領等等方式控制別人。

　　這種種的一切都在有了孩子之後改變了，我才真的想了解與實踐人類圖活出自己是怎麼回事。我剛開始當媽媽時，腦海中有個理想母親的畫面，但我赫然驚覺自己的分數卻很低，我很恐慌。後來我聽到一句話：父母給孩子最好的教育，就是自己如何活出精采的生命。我開始想真正了解我自己，也想讓孩子能以他們原本的樣子成長，讓他們在不被制約的環境中成長，而不是我一直伸出手去控制他們。慚愧的是，我以前不是很能接受別人如實地活出他們，我只能接受他們活

出我認為他們應該要有的樣子。可是為了孩子，我驚覺這樣不行，我要停止控制，我的孩子才能自在成長。

有趣的是，我的頭腦和邏輯中心是有定義的，所以腦袋非常忙碌，想個不停，因此我很少聽到薦骨的聲音。但陪伴孩子的過程中，我一直聽到他們薦骨的聲音，也因此聽到我自己薦骨的聲音。孩子的需求是那麼單純，他們餓了、渴了、想尿尿，一定都會有很直接的肢體或聲音反應。我所需要做的只是回應他們的需求，給他們愛。而不是將自己認定的想法套在他們身上。回應愛不需要預想，不需要安排也不需要規劃。我只要在當下回應就好了。是孩子教會了我等待，回應。

我的人生被孩子逼得慢下來，因此我得到很大的自由，這種自由的感覺不是創造出很多物質生活或者擁有權力，以滿足自己的需求。真正的自由是做自己，時時刻刻都不偽裝，在當下如實回應。我開始體會到，如果我能做自己，我也就可以真正的同理別人，體諒別人，給我的孩子與夥伴有做自己的空間。

我的同事因此覺得我有很大的改變，我不再因為恐懼衝突而討好別人，我開始明白有些事情不見得讓人感覺舒服，但卻是真實的，既然如此，我也就尊重它的存在。現在當有夥伴跟我想法差異很大時，在充分了解後，都能接受彼此的不同。然後一起面對想法差異所帶來的課題，所以我不再讓罪惡感或恐懼推動著我，然後彼此還給出祝福與諒解。 對我來說，人類圖就像魔法，它一一脫除原本加諸在我身上無用且笨重的盔甲，還我本來面目，好踏入真正的人生之路。

人類圖使用者分享

拋開頭腦的擔憂，
用身體回應生活

Millie
服務業
生產者

　　我在二〇一〇年接觸到人類圖，從此人生開始起了一連串變化，到現在整整六年，我已經變成跟六年前完全不同的人，而一直到現在，我還在享受這份禮物為我的人生帶來的驚喜。

　　二〇一〇年前，我過著循規蹈矩、社會認定的正常生活。從小到大我為了媽媽念書，專科選讀理工科系也是因為這樣才不會餓死，入社會後剛好遇到臺灣經濟起飛，在上櫃上市的電子公司當製圖師將近二十年，這份豐厚薪水的工作讓我買了房子，還存了一筆錢。我的人生看起來正常而穩定，但我卻愈來愈不快樂，愈來愈空虛。

　　在接觸人類圖之前，我上了很多課：攝影、游泳、呼吸靜坐……但總覺得生活如同死水。接觸人類圖後，我開始聆聽薦骨的聲音，體會 G 中心帶來的奧祕，踏出舒適圈，接著便開始發生一連串奇妙的變化：先是決定從家裡搬出來獨自居住，接著發現身體有狀況而迅速開刀、工作上突然被資遣……換做以前的我，一定覺得很崩潰，但我當時領悟到，這些看似可怕的生命地震無非是一種清除，得先將我生

命中扭曲錯誤的部分去除，才有空間容納正確的人事物。而什麼是正確的人事物呢？我不知道。但我決定放空，靜靜等待生命給我提醒和暗示。

就這樣，我開始了一段外人眼中無厘頭而跳躍的工作期。用自己的身體去體驗對什麼工作有回應。我完全依循身體的感受和周遭身邊出現的訊息，觀察自己的身體的回應。我後來選擇了一份咖啡館的工作，因為離開電子產業的工作後，我發現自己很想跟人接觸，想做與人面對面溝通的工作。所以面試咖啡館工作時，我其實很擔心自己無法勝任，我要求店長讓我試做一天，想知道自己到底可不可以，想不想要這份工作。幸運的是，待在那裡試做的那一天，我很開心，面對未知充滿熱情毫無懼怕，而且發現自己真的很愛講話。後來在閱讀《人類圖——區分的科學》才發現因為本身 G 中心空白，正確的環境對我來說很重要，我要待在正確的地方，才能遇見正確的人事物。

在咖啡館工作一年後，我又到了現在工作的茶館。我發現自己從本來沒自信到現在喜歡跟陌生人說話、向顧客介紹商品和店面。在咖啡館工作很耗體力，所以大量使用身體時，反而得以拋卻頭腦運轉的習慣，讓自己一點一點回復動物本能。很多頭腦想擁有的東西其實都是自己不需要的慾望，往往換來心的疲憊。但順應身體的渴望後，很多事情愈來愈簡單，我發現自己也變得很容易滿足。

這六年多的工作，是我生命重要的轉角，我這六年來用身體去體驗，原來頭腦給自己的制約那麼巨大。現在的我則完全享受無法掌握的未知。我相信宇宙給每個人的都是豐盛的，我所需要做的是，放開頭腦的擔憂，好好地享受這一切。

走上去制約之路

喻小敏
編輯
生產者

走進人類圖的世界時，我的人生正面臨崩解。

我循著早就設定好的目標，一路前行，沿途的風光景色開始變得不太一樣，猶如舞台換背景，我才驚覺原來已經換幕了，我要和不同的演員，演出最關鍵的一場戲。可是，我還沒排練好，台詞老是記不住，表情和動作就是做不來，我驚慌莫名，像得了失語症的演員，呆若木雞地站在聚光燈在舞台上打出的光圈裡，蒼白、慘澹。

第一次看見自己的人類圖時，我的直覺反應是一定哪裡搞錯了！三個有顏色的能量中心還算中肯，薦骨、根部和直覺有定義，代表我熱愛工作，壓力是動力，直覺敏銳可以信任。但是，從上面到中間延伸至右邊白慘慘一片如無人之境是怎麼回事？向來主見強烈的我怎麼可能頭腦沒定義？喉嚨代表影響力，也是白的，當了二十年的主管難道是當假的嗎？曾經締造過的豐功偉業，沒有方向感和意志力哪能辦得到？還有，我向來是個溫暖包容的人，還是個嗨咖，情緒中心一定是要有定義的啦！

我以為的我，原來根本不存在，我就像面對死去的親人一樣，拒絕相信，甚至因為別人有我所沒有的設計，心中滿是怨憤，更要證

明自己也做得到！人類圖是一套讓人們可以做出正確決定的工具，然而，不容否認的事實是，這個世界的制約無時無刻、無所不在，職場尤其是最大的制約場。我繼續學習人類圖，繼續用原來的方式生活、工作，表面上看來還是生龍活虎，內在混亂的聲音卻源源不絕地冒出來，我質疑自己、懷疑一切，我不知道要相信什麼，甚至想放棄自己，我以為的我正快速地一點一滴在裂解。

二〇一四年底，Joyce 問我有沒有興趣參加隔年初夏在人類圖起源地伊維薩島舉辦的一個工作坊，「體驗你自己（Immersion）」，這是由美國人類圖分部首任總監瑪麗·安·溫妮格（Mary Ann Winiger）主持的，她寫的《人類圖去制約之旅——一個人的革命（A Revolution of One）》，我曾在人類圖的第一堂課上聽 Joyce 提起這本書後，回家就上網訂購，收到書一個星期就囫圇吞棗地讀完了。當 Joyce 問我要不要去工作坊時，我聽到我不假思索地發出了「嗯哼」的聲音，這是來自我的內在權威——薦骨——對於問題表示肯定的回應。那是個寒冷的冬天，這個聲音在我體內點燃了一把火。半年後，我飛到西班牙，走進瑪麗·安的教室，和來自全世界各地的學員，一起傾聽、探索我們的內在權威，以及，頭腦——外在權威——是如何環伺在側，隨時準備搶奪做決定的寶座。

在那五天密集的練習和彼此能量場的感受裡，我過往學習到的人類圖知識突然變得立體起來，人類圖不再只是知識，而是具體可用的工具，身體這套精密的配備，比我們的頭腦更清楚什麼對自己而言是正確的。頭腦並非一無是處，頭腦是靈感的來源、創意的基地，也是別人的老師，但是要頭腦來做關於自己的決定，可能會是一場災難，尤其如果和空白的能量中心加乘在一起，簡直可以演出一場精采絕倫的荒謬劇，而且都是假的，因為完全是腦袋在搬演，而我們卻依此來

做出人生中大大小小的決定。

　　關於這點，我有豐富的經驗。我的意志力中心和情緒中心是空白的，由於從小的制約導致非自己，頭腦已經認定自己不夠好，要與人為善，避免衝突，以至於在與人合作的時候，常常會不知不覺談出對自己並不平等的條件。但是，這樣的結果其實自己內心並不滿意，混亂、糾結於焉而生，表面平和，內在暴怒，彷彿體內有另一個人，過著暗黑的祕密人生。

　　人類圖，就像一個衛星導航，當我開始混亂的時候，我會知道是哪個非自己又在猖狂了，產生覺知的那一刻，導航就開始校準。而人類圖的通關密語，「回到你的內在權威與策略」，雖然聽起來不可思議，但是，只要試過讓它做一次決定，體驗到什麼叫「滿足」，是會讓人上癮的。恐懼勢必會有，那是頭腦在尖叫，那是悖離過往決策模式必然的反應；不過，也不要以為回到內在權威就一帆風順，仍然會有挑戰、仍然要非常努力，但是只要是正確的決定，自然而然就會迎來正確的人、事、物，協同你完成這趟旅程。

　　我就這樣走了將近五年。從伊維薩島回來後，我的薦骨愈來愈頑強，我也逐漸放心讓它帶路；而垂頭喪氣的頭腦，我則讓它專心在工作上整合想法與經驗、創作、追劇或放空都好，盡量別讓它為我操煩了。去制約需要七年，我還要兩年要走，我迫不及待想要好好認識褪去制約盔甲的我。這也是一場漫長的告別，告別我曾以為的那個我。Good bye, stranger.

人類圖實例解讀：名人篇

經過前面的章節，我們在本章中選出兩位
名人的人類圖做實例解讀，看他們的能量
中心、類型、人生角色與非自己是如何交
叉作用。

⑥⑨ 賈伯斯的人類圖

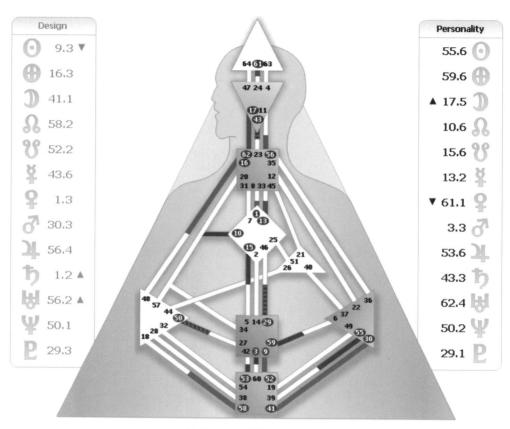

史蒂夫 · 賈伯斯的人類圖

史蒂夫 · 賈伯斯
1955/02/24 19:15 California / San Francisco

美國企業家、行銷家和發明家,蘋果公司的聯合創始人之一,曾任董事長及執行長職位,NeXT 創辦人及執行長,也是皮克斯動畫的創辦人並曾任執行長,二〇〇六年為華特迪士尼公司的董事會成員。

賈伯斯人類圖範例解讀

　　賈伯斯是一位追求完美，做事循序漸進，縝密而龜毛的純生產者，這是二分人的設計，他的內在存有兩股極端的生命動力，分別是由 17-62 和 30-41 兩條通道所構成，這兩股動力看似矛盾，卻激盪出絕妙的火花，造就他神話般的一生。

17-62 通道與 30-41 通道的合弦曲

　　通道 17-62 是極具理性的動力，他的溝通方式邏輯分明，是天生的管理者，他的思考方式兼顧大方向與細節，面對公司組織裡的各個部門如何交互運作，具備敏銳的洞察力，總能為未來找出合乎邏輯的運作模式，或修改既定模式，帶領大家往下一個更大的方向與願景邁進。他講話有條有理，總能將原本複雜的事，轉化為美妙的細節與簡易的操作模式，同時又在其內蘊藏新穎的洞見與啟發，讓眾人充滿好奇與期待。

　　30-41 通道則是充滿情感的驅動力，這部分的他不見得能以言語表達，但是我們可以從他的行為中不斷看見他天馬行空的想像力，同時又對自己的夢想專注而執拗，除了自身情感豐沛，充滿能量，還能引導眾人聚焦關注他的夢想，他的人生充滿許多想完成的事情，是一個偉大的夢想家，一舉一動總是能挑動眾人的情感，激發大家朝共同的希望與願景，一起向前。

空白中心的影響

　　許多人都以為賈伯斯個人風格強烈，以創意風靡世界，極度聰明，或傳聞他的情緒暴躁，難以取悅，事實上，身為蘋果的聯合創始者與皮克斯的創立人，他本身具有強烈的反差，在理性與感性中激烈震盪拉扯。而加上他的四個空白中心，接收來自外在影響的同時，也

263

是帶來諸多混亂的源頭。

空白頭腦中心的靈感來自四面八方，但是也常受困於不屬於自己的難題，無法自拔，而這難題極可能來自空白的 G 中心，這讓他常常思索我是誰？什麼是愛？我的人生方向在哪裡？加上空白直覺中心的影響，安全感更是賈伯斯在生命中，不得不面對的重要課題，是要貪戀安穩？還是轉向另一種極端，以為只要逼迫自己克服恐懼，戰勝恐懼，就能找到出路？恐懼如影隨形詭譎多端，同時也與情緒週期掛勾，導致他在情緒盪到低點，或飆到高點時，反差之大，超乎一般人所能理解。而那最讓人最受苦的空白意志力中心，更讓他此生不論成就了多少，不管完成了多麼不可思議的豐功偉業，每當夜深人靜時，內心深處依舊會忍不住懷疑起自己的價值，在人生中不斷想證明自己的強烈渴望，更容易誤導他做出錯誤的決定。

生產者與 6/3 人生角色

回到內在權威與策略，賈伯斯是生產者，生產者的策略是等待，回應，加上情緒中心為內在權威，在做任何決定之前，他需要完整體驗自己的情緒週期，靜待情緒高低起伏各個階段所帶來的智慧，慢下來，別衝動，千萬別在當下做決定。同樣的問題，薦骨在情緒週期的不同階段，可能會出現不同的回應，要有耐性，當情緒面重獲清明，答案就能擺脫空白中心所帶來的混亂，清晰浮現。

身為 6/3 人生角色，他一生抱持著遠大的理想，立志要闖出一番大事業， 但是在實際現實層面，他的生命歷程卻是跌跌撞撞，遭遇諸多曲折與坎坷，在不斷碰撞與打擊中，體驗理想與現實的差距。但也唯有如此，這些看似難以想像的挫折，才能讓他浴火重生，從中蛻變而成熟，成為我們最好的人生導師。他曾經在史丹佛畢業生的演講說到：「當蘋果開除我，是我人生中最好的經驗，就此輕鬆釋放了過往成功所帶來的沉重，讓我進入了這輩子最有創意的時代。」這真是經歷淬鍊後的人生典範，才會說出的話，他活出自己的設計，也為世人帶來深刻的啟發。

⑦⓪ 梅莉・史翠普的人類圖

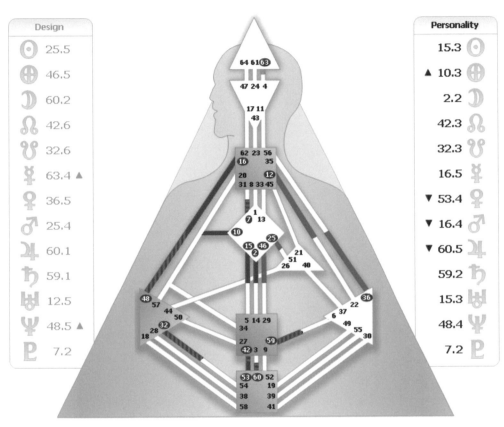

梅莉 ・ 史翠普的人類圖

梅莉 ・ 史翠普
1949/06/22 08:05 Summit / NJ

美國女演員，被譽為美國電影史上最偉大的女演員之一，到目前為止是史上獲得
奧斯卡表演獎提名最多的演員。人生不同階段都能完美演繹不同角色。

梅莉 · 史翠普人類圖範例解讀

16-48 通道與 42-53 通道相輔相成

　　雖然同樣屬於純生產者，也是二分人的設計，梅莉 · 史翠普的人類圖設計，並不像賈伯斯一樣面對著理智與情感面的衝擊，她內在生命的動力由兩條通道所構成：一條是 16-48 才華的通道：經由不斷反覆練習，修正與學習，經歷歲月淬鍊，累積精力與智慧，終於達到令人驚歎的技藝，從學徒提升至大師的境界。另一條則是 42-53 成熟的通道，所謂的成熟是透過人生各種不同的階段，逐漸成熟並累積智慧，一旦開始就無法輕易結束，在人生各種不同階段中體驗並成長，而脫胎換骨之後，又準備好朝下一個階段前進。

　　這兩條通道在本質上並不衝突，說起來也有相輔相成的效果，這讓梅莉 · 史翠普不管處於人生的那個階段，皆能反覆鍛鍊自身的技藝，逐步邁向成熟，十年磨一劍，讓她的演技層面臻於完美，她是目前奧斯卡與金球獎紀錄中，得獎最多的演員，而這些資歷又協助她進入下一個階段，繼續挑戰不同的角色，她的演藝生涯並未停止在所謂的巔峰，她告訴我們，真正的成熟是一個階段接著一個階段，沒有唯一的巔峰，而是峰峰相連到天邊，演技永遠可以更純熟，人生也永遠能展現出不同階段的成熟之美。

空白中心帶來的人生智慧

　　對她來說，每一個空白中心的混亂，經歷人生的淬鍊之後，皆成為可運用的智慧。身為演員，她具有相當獨特的 G 中心，上面有許多休眠閘門，代表著她能隨著環境不同，或與不同的人相處時，引發她展現出各式各樣的面向，雖說對自我定位缺乏固定的看法，卻也因此能充滿彈性，靈活地適應環境所需，扮演各式各樣的角色。開放的頭腦與邏輯中心，讓她能開放納入各種思維模式，不會受困於僵化的

思維。空白情緒中心在早期不成熟時，會不由自主想取悅大家，或想避免衝突而不說真心話，甚至為此受苦，但也因為這樣的設計，讓她能敏銳地感受到每個人的每種情緒，情緒是珍貴的禮物，讓她能感同身受，更加貼近不同的角色，不同的人生。

而那最讓人受苦的空白意志力中心，加上才華的通道，可想而知她終其一生，都將在深度與技藝層面永無止盡地追求，永遠看不清楚自己真正的價值，永遠不夠好，永遠可以更好，或許一開始只是為了證明自己做得到，但隨著人生閱歷日漸成熟，就能從倉惶不安的擔心與恐懼中，一步一步轉化為謙遜又努力的人生態度，她的自信來自於每一步走得穩當扎實，沒有浮誇，也就放下了證明自己的執著，獲得空白意志力中心的智慧—看見並珍惜每個人的價值。我們總是能從梅莉・史翠普的謙和，提攜後進，努力不懈中獲得啟發，而這些珍貴又動人的特質，不僅僅源於她的本性，也是這些空白中心長久以來所累積的智慧。

等待並完美回應

身為生產者，薦骨中心內在權威，她可以透過自己薦骨所發出的回應，在每個當下，做出對自己來說正確的決定，而當下這一個正確的決定，又會帶來下一個機會，靜待她接下來的回應，透過一次又一次的回應，她於是完整地展現了自己，而我們則擁有了梅莉・史翠普，與一部又一部讓觀眾印象深刻的好電影。

她是演戲殺人機器，更是「地表最強女演員」，從影四十年留下各種各樣的角色，展現出精湛實力，她是 3/5 的人生角色，喜歡變化，喜歡刺激，一路不斷翻滾，為詮釋各種角色而不斷嘗試並訓練自己，從顛覆中創新，不但從中找到實際的解決之道，也成就了豐富有趣的人生。

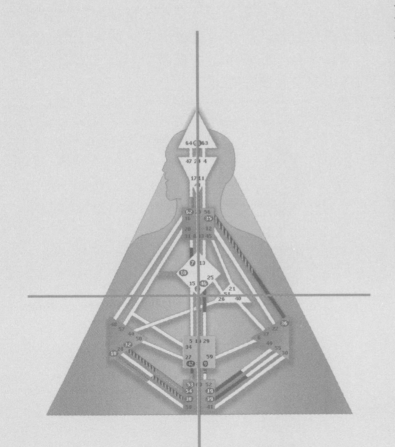

超值進化篇

──人類圖三角形圖解法與四大區域解讀技法

全新內容首次大公開，讓你在通曉人類圖知識之外，
能以更直觀也更簡易的方式，貼近生活運用。

彩蛋來了！
三角形圖解法

　　人類圖九個能量中心，其中有三個是正三角形：情緒中心、直覺中心與邏輯中心，三個正三角形連在一起，就會形成一個大三角。如下圖，這個三角形，以情緒中心、直覺中心與邏輯中心為三個端點，將喉嚨中心、G 中心與意志力中心圈在裡面。

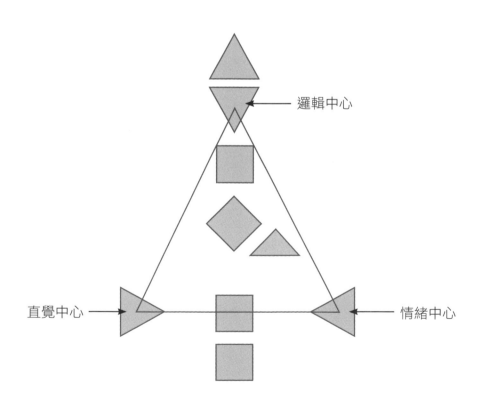

這代表什麼意思呢？簡單來說，位於內的中心，會演變為一個人的內心戲，面對這些課題，我們容易對號入座，認為問題出在自己身上。而這三個察覺中心的端點，我們則傾向詮釋成源自於外的影響，換句話說，是環境因素，或是別人的問題，才會引發出我們產生某些感受，進而產生特定的反應。

　　空白的中心尤其明顯，讓我們先從三角形的端點，也就是代表察覺的三個中心說起。情緒中心空白的人，往往會認為是發生了什麼，或別人做了些什麼，講了些什麼，而引發自己某些情緒與感受。舉例，「看見你，我很快樂。」「還不是他講了那些話，我才這麼生氣。」「這一季結算的業績，讓我很沮喪。」

　　那麼，直覺中心是怎麼運作的呢？直覺中心與生存的恐懼、安全感有關。直覺中心空白的人，常常會覺得自身的安全感，取決於外在環境或與身旁的人。「外頭病毒肆虐，實在太讓人害怕了。」「這個世界真的很亂，所以我更要謹慎小心。」「和你一起工作，讓我好安心。」以此類推，關於邏輯中心的各種困惑，就是因為不確定而益發焦慮起來，空白的邏輯中心容易將腦中的焦慮歸咎於外，「我真的搞不懂你。」「為什麼會發生這些事？如果找不出原因我真的很焦慮。」「你要確定，我需要肯定的答案，不然我會更疑惑，疑惑讓人更焦慮。」

　　這三個察覺中心宛如一個人對外的接收器，我們不斷接收來自外在的訊息與情緒，若缺乏察覺，就會快速自動化地引發出各種恐懼、緊張與焦慮，然後再把這些讓人不舒服不自在的感受，往外丟，試圖找尋合理的解釋，誤以為只要有合理化的解釋，就能讓自己穿越或擺脫這些不舒服的感覺。

結果往往事與願違。就算我們找到理由與原因，並不等於這些感覺會消失。接下來，就會向內滲透，什麼意思？

我們開始思考是否是自己的問題？是我做了什麼？或沒做什麼？還是我能力不足？我不夠好？——典型空白意志力中心對自己的質問。還是我有沒有扮演好自己的角色？這工作適合我嗎？這是對的人生方向嗎？我跟對的人在一起嗎？——空白 G 中心所衍生出的空虛感，開始襲擊。我要不要說些什麼？我需要表達我的立場嗎？還是我之前說錯了什麼？我到底怎麼了？連動喉嚨中心的反應，最後陷入為難之境，感覺迷失了自己。

若以上所提及的是有顏色的中心，也會如此運作嗎？

有顏色的中心雖然具備固定運作模式，卻不等於堅不可摧，永遠都會健全運作，當一個人沒有回到內在權威與策略做決定，也難以跳脫非自己的為難。只是空白之處缺乏固定的運作，所以更容易受到外來的干擾，而被制約。

當你具備人類圖架構的基礎概念，重新再看每張人類圖，就可以循序漸進，看得更深，明白每個人如何被外在影響，內在如何糾結。

舉實例來說明：(見 P273 上圖)
將三個察覺中心連在一起，形成一個三角形。
檢視一下，哪個端點的中心是空白的呢？

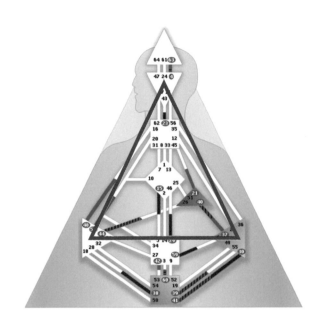

　　空白的中心代表最容易陷入非自己的課題，若以這張圖來說，直覺中心是空白的，所以是關於安全感，與恐懼相關的課題，面對安全感的強烈需求，而緊抓住對自己不好的人事物，難以放手。

　　接下來，向內看，空白的 G 中心與喉嚨中心。由於對安全感的強烈需求，緊抓住對自己不好的人事物，難以放手，開始質疑自我定位、所愛的人，以及人生方向是否正確，有苦難言，說與不說都為難，不確定自己該說些什麼，開口說又擔心說錯，因為恐懼失去自我定位，而以各種方式來吸引眾人的注意力。

　　那麼，這張圖是誰的呢？ 是英國黛安娜王妃。簡單切入，就能圖解她一生的困境與為難。

　　想知道各種排列組合如何解釋？ 何不開始試著解解看？ 相信自己，你會發現這個技巧一點都不難。

四大區域解讀技法

　　這個解讀技法很簡單，把整張人類圖分成四區，畫兩條線，一條直切在正中間，另一條橫切意志力中心，這樣就會將整張人類圖分成四區。（見圖一）

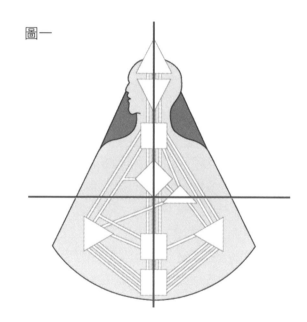

圖一

　　接下來會有一條外加規則：最上方的頭中心與最下方的根部中心所接通的四條通道，歸屬於四區的算法要交錯。如此一來，你會看見四區的分布如下：（參見圖二到圖五）

第一區涵蓋了滿滿的動力，薦骨、根部、情緒與意志力都是動力中心，不僅如此，這一區以情緒中心為王，一切都是關於感受與體驗，所以體驗迴路源頭之 42-53 成熟的通道，將跨區歸屬於這一區。

　　這一區被強力啟動的人認為，言語多餘，情感流動間，憑藉感受就明瞭彼此，這世界上許多人事物並沒有邏輯，也不需要理由，喜愛或厭惡，感受一下就知道，感受很重要，世間所有喜怒哀樂都是真實的體驗，情感如水，我感覺很好，一切都對了，感覺不好，連呼吸都是錯誤。

圖二

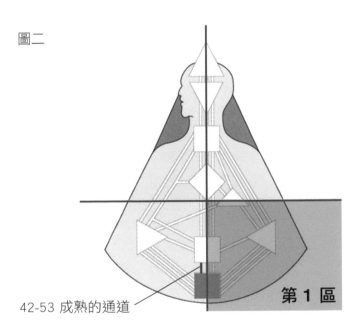

42-53 成熟的通道

第 1 區

第二區與第三區的人皆熱愛表達，但說話內容、切入點與著眼點大不相同。

　　第二區重視視覺與影像，視覺的判定為決定的關鍵，所以 64-47抽象的通道跨區算在第二區。這一區的人認為一個人長得好不好看，端不端正，乾不乾淨很重要，在內心不斷衡量中，若連自己的外表都沒有辦法照顧好，那這個人到底能做些什麼？因此對於自己的身材、形象與外表很注重，人與人之間的交流，要有格調，要有禮貌，應對進退要得宜，這是教養與格調，蓬頭垢面不拘小節，並非瀟灑而是邋遢，邋遢的人第一印象在好感度上，立刻就打了折扣。

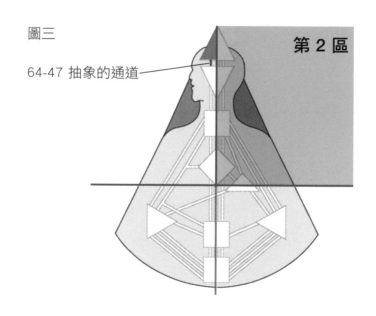

圖三

64-47 抽象的通道

第 2 區

第三區愛辯。人與人之間聊天要聊的是脈絡，是資訊，真理愈辯愈明，既然重視邏輯思考，所以 63-4 邏輯的通道，就要跨區歸納在這裡。

若有人以絕對的態度，斬釘截鐵認定某件事要如何才算正確，就會激發第三區隱性的反對魂：怎麼可能非黑即白，百分之百正確？總有例外吧？總有其他考量吧？你的認定引人質疑，我有我的看法，或許與你不同，但並不代表我是錯的，相對來說，我的看法就算與你相同，也不代表我們是對的，所以反覆論證很重要，即便論證到最後，無人能下結論，至少在過程中我們釐清並區分得更精微，離真理與真相又靠近了一些。

圖四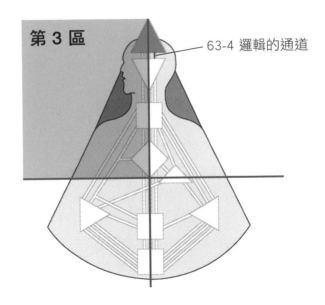

第 3 區

63-4 邏輯的通道

第四區很難把你當成自己人，但一旦把你當成自己人，你就能體會什麼是真正被照顧與呵護的感覺。

9-52 專注的通道於是跨區屬於這裡，這區的人具備理性的運作模式：資源有限、時間有限、精力有限、愛的付出也有限，所以只能將我的一切留給真正重要的人。如此一來，對錯就很重要，先分辨你是不是對的人，對的人才值得好好照顧。如果感情缺乏歸屬，或在感情路上不如意不順心，那會選擇先專注在工作上，愛的感覺太難捉摸，實質提供物質資源才是真牢靠，那是真金實銀的愛，是厚重的，擔負責任的，好好生活的，陪伴在你身邊的，務實的愛。

圖五

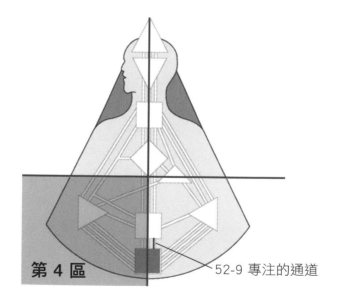

第 4 區　　　　　　　　52-9 專注的通道

　　你屬於第幾區呢？請比照你自己的人類圖，勾選出你被啟動的中心與通道（見圖六），

圖六

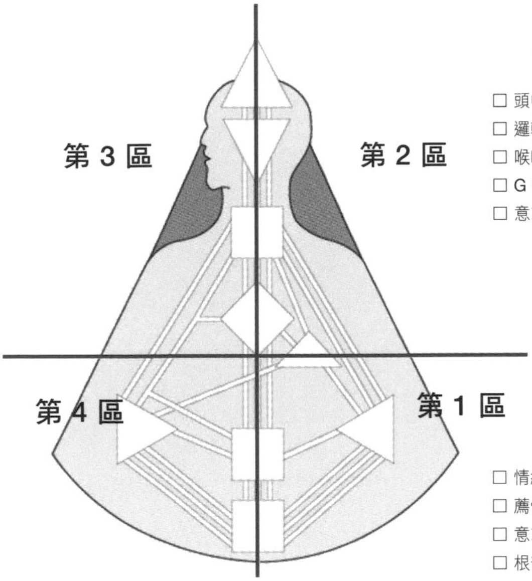

第 3 區

□ 頭中心有顏色　　□ 48-16
□ 邏輯中心有顏色　□ 57-20
□ 喉嚨中心有顏色　□ 10-20
□ G 中心有顏色　　□ 34-10
　　　　　　　　　□ 17-62
　　　　　　　　　□ 31-7
　　　　　　　　　□ 63-4

第 2 區

□ 頭中心有顏色　　□ 35-36
□ 邏輯中心有顏色　□ 12-22
□ 喉嚨中心有顏色　□ 45-21
□ G 中心有顏色　　□ 25-51
□ 意志力中心有顏色 □ 13-33
　　　　　　　　　□ 11-56
　　　　　　　　　□ 64-47

第 4 區

□ 直覺中心有顏色　□ 48-16
□ 薦骨中心有顏色　□ 57-20
□ 根部中心有顏色　□ 34-20
　　　　　　　　　□ 57-34
　　　　　　　　　□ 44-26
　　　　　　　　　□ 27-50
　　　　　　　　　□ 54-32
　　　　　　　　　□ 28-38
　　　　　　　　　□ 58-18
　　　　　　　　　□ 9-52
　　　　　　　　　□ 5-15

第 1 區

□ 情緒中心有顏色　□ 35-36
□ 薦骨中心有顏色　□ 12-22
□ 意志力中心有顏色 □ 40-37
□ 根部中心有顏色　□ 59-6
　　　　　　　　　□ 19-49
　　　　　　　　　□ 39-55
　　　　　　　　　□ 41-30
　　　　　　　　　□ 53-42
　　　　　　　　　□ 46-29

請注意，如果只有閘門被圈起來，整條通道沒有接通，那就不算，一定要整條通道都接通才能勾選。

統計完四區打勾的數量，哪一區你打的勾最多，你就是哪一區人。請見範例（圖七），

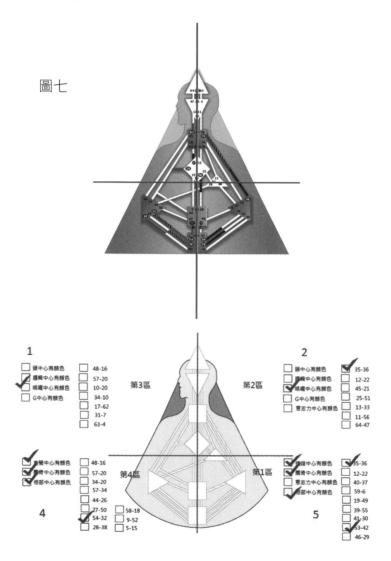

圖七

這張人類圖設計最後統計出來的結果是：第一區有 5 個勾，第二區有 2 個勾，第三區只有 1 個勾，第四區有 4 個勾，由此可知，這是一張偏重第一區人的設計。

　　你統計好自己的圖在每一區的打勾數了嗎？沒錯！在這個解讀技法中，有些通道不列入計算，而有些中心橫跨不同區域。你準備好要揭曉每區人的特性了嗎？

第一區　感性觸角

　　感覺很重要，重視別人如何對待我，我在當下的感覺是什麼？雖說感覺來來去去，但只要燈光美、氣氛佳，有對的食物、好聽的音樂，我很容易在美好的情境下，感到陶醉與感動。所以請好好跟我說，請和顏悅色對待我，我喜歡聽到讚美，人與人之間相互尊重很重要，遇到沒禮貌的人容易不耐煩，喜歡新奇的人事物，喜新厭舊是本性。

如何對待第一區人？

　　感覺好不好是關鍵，不需要爭辯誰對誰錯，感覺對了一切就對了，感覺錯了全部都是錯的。只要你用心，讓第一區人感動之後，一切都好談。

第二區　眼見為憑

　　如果連自己的外表都無法打理好，怎麼讓人信賴？我承認我是外貌協會，我喜歡觀察別人如何展現自己，人長得好看自然加分，我知道人並不完美，但是至少，你可以把自己整理得乾乾淨淨、清爽得體，我非常在意這件事。當然我非常注意自己的儀容，好好穿衣服，適切展現自己的品味，確保在不同的場合中舉止合宜，表現得體。看起來漂亮帥氣的人，就能讓我好感度激增。

如何對待第二區人？

　　要去見他們之前，請把自己梳洗乾淨，身上不要發出難聞的體味，不要隨便穿搭，表現得體非常重要，你不要怪他們以貌取人，這就是他們運作的基本準則。如果你想說服二區人，請將資料、證據都準備齊全，別忘了他們是眼見為憑的一群人。

第三區　理性辯證

　　你這樣說我明白，但是如果是這樣呢？如果是那樣呢？我們再來好好討論一下，我想知道真相，我想確認這正確嗎？不，我並不是不信任你，我只是需要更多邏輯思考的過程，我需要確認。你覺得我難搞？讓我們來界定難搞是什麼意思好嗎？對我而言，真理就像真金不怕火煉，唯有不斷挑戰、質疑、審慎思考、分辨，才能確保正確，才不會被淘汰，畢竟，萬事皆有因，有因必有果，讓我們俯瞰事情的全貌，再找找看有沒有問題，如果沒有問題，讓我再換個角度，提出不同的問題來討論討論吧。

如何對待第三區人？

　　不要不耐煩，他們愛辯，感覺很愛唱反調，其實他們所提出的問題並不是針對你，而是他們內建自我辯證機制，深信真理愈辯愈明，有時候辯到迷失了自己，因為他們真的享受辯證的快感，所以不要生氣，不要覺得對方故意挑戰你，這只是他們的習氣。

第四區　是非對錯

　　我的習慣是這樣，讓我們先論定是非對錯，黑白分明，不要有這麼多模糊地帶，我需要確認我們彼此的關係，這樣我才知道要如何對待你，要一直愛你？要快步離開你？要好好照顧你？還是早早背棄

你？我並不想風花雪月只講好聽話給你聽，我的愛是好好照顧你，不離不棄，就算別人認為我太過付出，太犧牲，我並不這樣想，我認為這是我的本分，我並不覺得可惜，只要你是對的人，是對的事，那我就會全力以赴，陪伴你，和你在一起，為我們的生活而努力。

如何對待第四區人？

他們看似堅硬難以打開的外殼底下，有一顆最柔軟的心，最願意照顧人，鉅細靡遺地為對方著想，只要你跟他們的關係緊密，只要他們把你當成自己人，你就會感受到忠實溫暖的情誼。所以你要有耐性，好好建立彼此的信任，這不容易，但是並非不可能。

國家圖書館出版品預行編目資料

【進化版】圖解人類圖：認識 80 張圖，看懂你的人生使用說明書
喬宜思 (Joyce Huang)/ 著　蕭郁書 / 繪
---. 二版 .— 新北市 ； 本事出版 ：大雁文化發行，
2023 年 01 月　面 ；　公分 .—
ISBN 978-626-7074-28-2 (平裝)

1.CST: 占星術　2.CST: 自我實現

292.22　　　　　　　　　　111017383

【進化版】圖解人類圖：認識 80 張圖，看懂你的人生使用說明書

作　　　者／喬宜思 (Joyce Huang)　　繪　者／蕭郁書　　特約編輯／林毓瑜

發 行 人／蘇拾平
總 編 輯／蘇拾平
編 輯 部／王曉瑩、曾志傑
行銷企劃／黃羿潔
業 務 部／王綬晨、邱紹溢、劉文雅
出　　版／本事出版
發　　行／大雁出版基地
　　　　　新北市新店區北新路三段 207-3 號 5 樓
　　　　　電話：(02) 8913-1005　傳真：(02) 8913-1056
　　　　　E-mail：andbooks@andbooks.com.tw
劃撥帳號／19983379　戶名：大雁文化事業股份有限公司

封面設計／COPY
內頁設計／徐小碧
印　　刷／上晴彩色印刷製版有限公司
● 2016 年 8 月初版
● 2024 年 4 月 15 日二版 3 刷

定價 520 元